# REITEN

## LERNEN

*leicht · schnell · gründlich*

MARY GORDON WATSON

Übersetzung und deutsche Bearbeitung
von Gabriele Mohrmann-Pochhammer
Fotos von Peter Chadwick

DELIUS KLASING VERLAG

Ein Dorling-Kindersley-Buch
Originaltitel: **Learn to Ride in a Weekend**


Die Deutsche Bibliothek – CIP-Einheitsaufnahme

**Reiten lernen:** leicht – schnell – gründlich/Mary Gordon Watson.
Übers. und dt. Bearb.: Gabriele Mohrmann-Pochhammer.
Mit Fotos von Peter Chadwick. –
Bielefeld: Delius Klasing, 1993
(Ein Dorling-Kindersley-Buch)
Einheitssacht.: Learn to ride in a weekend <dt.>
ISBN 3-7688-0786-X
NE: Gordon Watson, Mary; Chadwick, Peter;
Mohrmann-Pochhammer, Gabriele [Bearb.]; EST

1. Auflage
ISBN 3-7688-0768-X
Die Rechte für die deutsche Ausgabe liegen beim Verlag
Delius, Klasing & Co., Bielefeld
Schutzumschlaggestaltung: Formel 3 Kommunikation, Bielefeld
Gesamtherstellung: Kunst- und Werbedruck, Bad Oeynhausen
Printed in Germany 1993



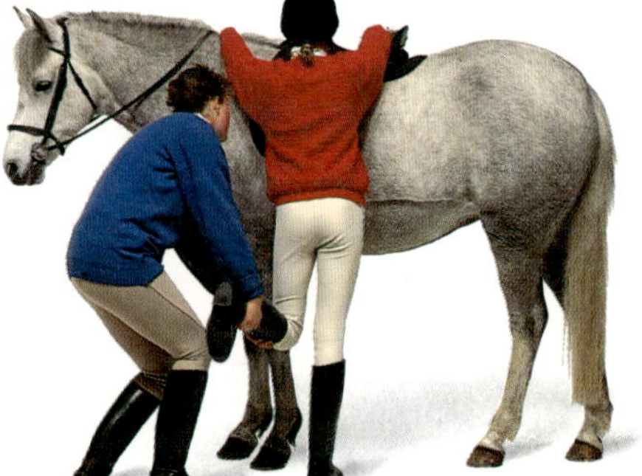

# INHALT

# EINFÜHRUNG

Zum Reitenlernen ist es nie zu spät. Unabhängig vom Alter oder vom Grad des Könnens, unabhängig davon, ob man lieber spazierenreitet, sich bei Distanzritten oder beim Springen sportlich betätigt oder sogar an Turnieren teilnimmt – Reiten kann für jeden ein Vergnügen sein. Wie in den meisten Sportarten ist das Vergnügen größer – und sicherer – wenn Sie von Anfang an die richtige Technik erlernen. „Reiten lernen" zeigt Ihnen den Weg zum vergnüglichen Freizeitreiten. Das höchste Ziel des Reitens ist völlige Harmonie zwischen Reiter und Pferd. Sie wird auch von den besten Reitern nur selten erreicht, aber jeder Schritt in diese Richtung lohnt sich und erhöht die Freude am Reitsport. Dieses Buch erhebt nicht den Anspruch, aus Ihnen an einem

Wochenende einen versierten Reiter zu machen – das ist unmöglich – aber es kann Ihnen zu einem guten Start Ihrer reiterlichen Karriere verhelfen. Ich hoffe, das Folgende trägt dazu bei, Fehler und Irrwege zu vermeiden, damit der Reitsport und der Umgang mit dem Pferd zu einem ungetrübten Vergnügen werden.

Mary Gordon Watson

MARY GORDON WATSON

# DIE VORBEREITUNG

*Gründliche Vorbereitung ist die Voraussetzung für den Erfolg*

Damit Sie Freude am Reiten haben und rasche Fortschritte machen, ist es wichtig, von Anfang an nach der richtigen Methode zu lernen. Bitten Sie Fachleute um Hilfe bei der Suche nach der besten Reitschule mit geeigneten Pferden und einem guten Reitlehrer. Erkundigen Sie sich auch nach der richtigen Kleidung. Sie muß bequem sein und größtmögliche Sicherheit gewährleisten. Wenn Sie früher schon mal geritten haben, stellen Sie sich darauf ein, ganz von vorne zu beginnen. Es haben sich womöglich Fehler eingeschlichen, die Fortschritte verhindern. Beim Reiten lernt man

*Sattel*

### REITKLEIDUNG

Das Wichtigste sind eine gut sitzende feste Reitkappe oder ein Sturzhelm und sicheres Schuhzeug (s. S. 16-17).

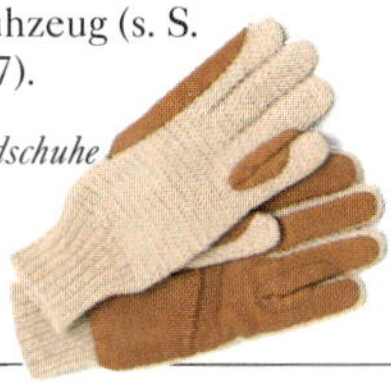

*Handschuhe*

*Gummi-gebiß*

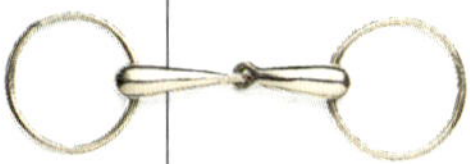

*Trensengebiß (Wassertrense)*

*Olivenkopfgebiß*

*Pelham*

### SATTEL-ZEUG

Sie brauchen vorläufig kein eigenes Sattelzeug, sollten aber die verschiedenen Teile des Sattels kennen, ebenso die unterschiedlichen Gebisse, wann sie verwendet und wie sie angepaßt werden. (s. S. 14/15)

*Appaloosa*

nie aus, das macht diesen Sport so reizvoll. Jedes Pferd ist anders, von jedem Pferd können Sie lernen. Der Kursus ist nur ein Anfang. Aber ein guter Anfang auf solider Basis bietet die Chance, sich schon bald im Sattel wohlzufühlen und das Pferd zu beherrschen. Bemühen Sie sich, Pferde verstehen zu lernen, wie sie aussehen, sich bewegen und verhalten. Schauen Sie anderen beim Unterricht zu, beobachten Sie fortgeschrittene Reiter beim Training oder auf dem Turnier. Um die Reitstunde zu genießen, müssen Sie wenigstens durchschnittlich fit sein. Zur Verbesserung der Kondition werden die Übungen auf Seite 24/25 empfohlen. Reiterliche Fachausdrücke sind **fett** gedruckt. Sie werden am Ende des Buches genauer erklärt (S. 92/93).

*Pferd und Reiter in guter Haltung*

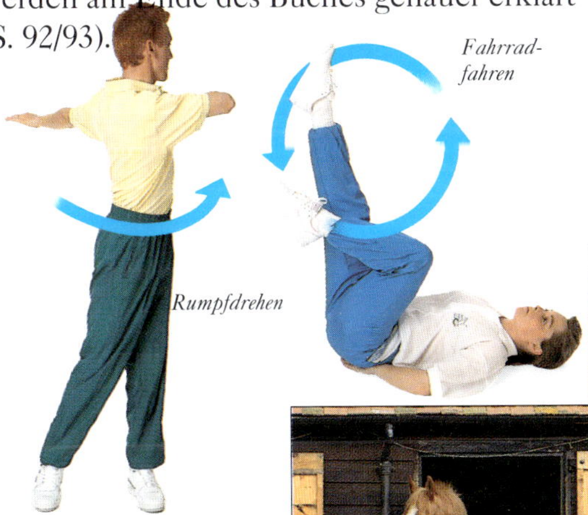

*Fahrrad-fahren*

*Rumpfdrehen*

**GYMNASTIK**
Je fitter Sie sind, um so weniger haben Sie nach dem Reiten mit Muskelkater, Versteifungen und Ermüdung zu kämpfen. Wenn Sie sich rundherum „abgeschlafft" fühlen, sollten Sie durch Gymnastik Ihre Ausdauer, Beweglichkeit und Spannkraft verbessern (s. S. 24/25).

**REITSCHULE**
Suchen Sie einen Reitbetrieb, wo Pferde, Stall, Ausrüstung und Reitanlagen in gutem Zustand sind (s. S. 18/19). Seien Sie anspruchsvoll!

**REITLEHRER**
Suchen Sie einen erfahrenen Lehrer, der Vertrauen ausstrahlt und Freude am Reiten weckt (s. S. 20/21).

*Grundgangarten*

# ÄUSSERE MERKMALE DES PFERDES

*Farben, Abzeichen und das Exterieur machen jedes Pferd unverwechselbar*

Bevor Sie lernen, wie man mit einem Pferd umgeht, es putzt, sattelt und schließlich unter Anleitung reitet, sollten Sie die einzelnen Körperteile des Pferdes kennen. Um gut zu reiten, müssen Sie wissen, wie sie funktionieren. Die athletischen Fähigkeiten eines Pferdes hängen wesentlich von einem korrekten **Gebäude** ab. Das Pferd muß in der Lage sein, das Reitergewicht mühelos zu tragen. Farben und Abzeichen machen es unverwechselbar. Die verschiedenen Zuchten geben den Pferden ihre besonderen Merkmale mit.

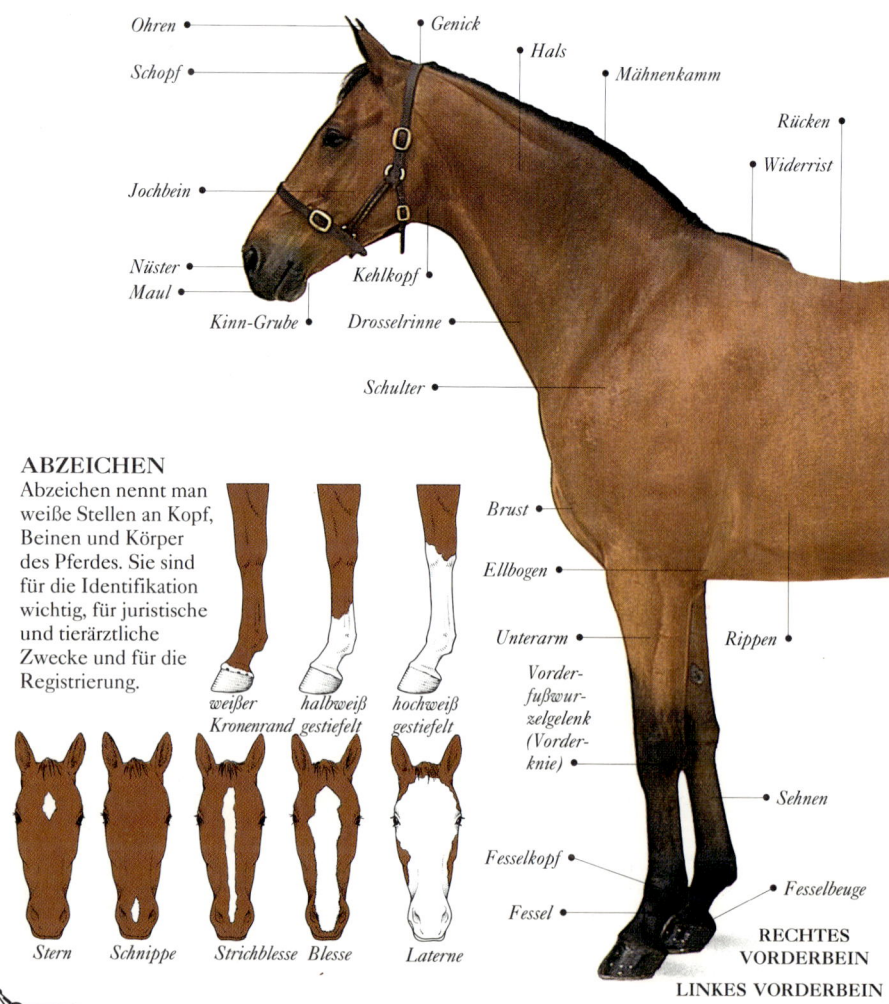

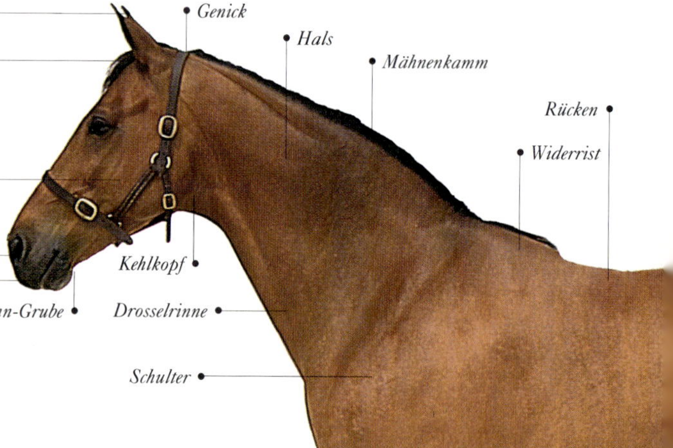
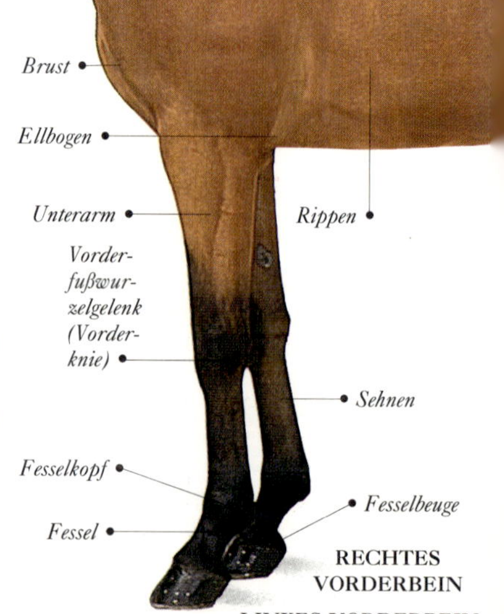


## ABZEICHEN

Abzeichen nennt man weiße Stellen an Kopf, Beinen und Körper des Pferdes. Sie sind für die Identifikation wichtig, für juristische und tierärztliche Zwecke und für die Registrierung.

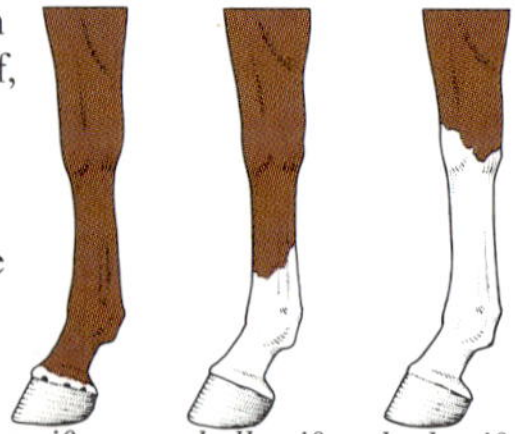

*weißer Kronenrand* *halbweiß gestiefelt* *hochweiß gestiefelt*

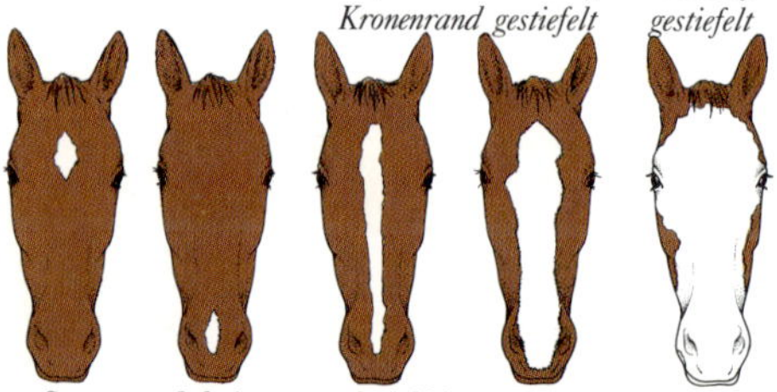

*Stern* *Schnippe* *Strichblesse* *Blesse* *Laterne*

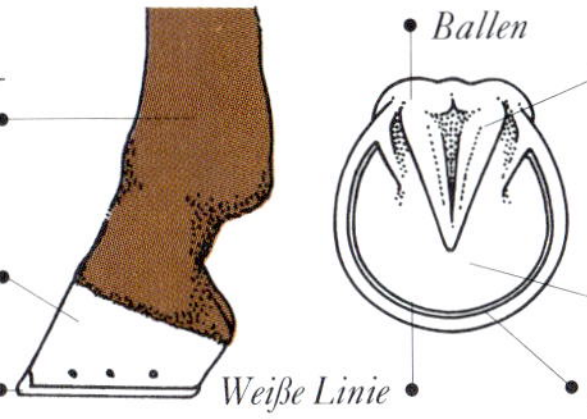


## DER HUF

Die harten Hufwände umhüllen den empfindlichen Hufmechanismus, der durch sorgfältige Pflege gesund erhalten wird. Beim Reiten auf Straßen und holprigen Wegen ist ein Beschlag erforderlich. Da das Horn ständig nachwächst und die Eisen mit der Zeit dünn werden, ist etwa alle vier Wochen ein neuer Beschlag fällig.

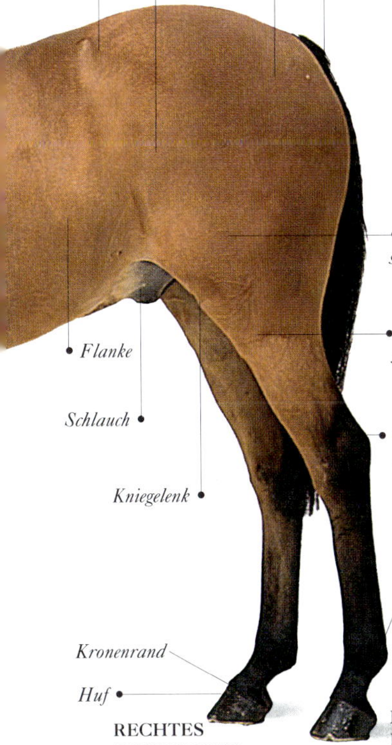


RECHTES HINTERBEIN

LINKES HINTERBEIN

## FARBEN

Es gibt viele verschiedene Farben, die jedes Pferd unverwechselbar machen. Beim Braunen zum Beispiel rangiert die Skala vom dunklen Mahagoni bis zum hellen Sandton. Die Farbe kann im Sommer anders sein als im Winter. Bei Braunen und Falben sind Mähne, Schweif, Ohrspitzen und der untere Teil der Beine schwarz. Diese Haare sind bei Füchsen und Schimmeln in derselben Grundfarbe wie das Fell.

Schimmel

Dunkelbrauner

Rappe

Fuchs

Brauner

Isabell

Falbe

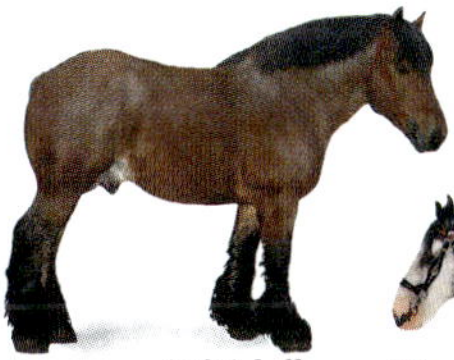
Brauner mit Stichelhaar

Rappe mit Stichelhaar

Appaloosa Tigerschecke

(Braun-)Schecke

## ZWEIFARBIG

Schwarzschecken sind schwarz und weiß, Braunschecken sind weiß plus eine andere Farbe außer Schwarz.

# DIE GANGARTEN

*Der Bewegungsablauf hängt vom Tempo ab, in dem das Pferd geht.*

Es gibt vier Grundgangarten – Schritt, Trab, Galopp und Renngalopp. Im Schritt legt das Pferd etwa 8 km/h zurück, im Renngalopp bis zu 72 km/h. Es kann rückwärts gehen (Rückwärtsrichten), auf der Stelle drehen und seitwärts gehen. Ein ausbalanciertes, losgelassenes Pferd kann lernen, sich in allen Variationen des **Arbeitstempos** zu bewegen. In den **versammelten** Tempi tritt es kürzer und erhabener. In den **mittleren** Tempi werden die Tritte verlängert, in den **starken** Tempi wird das Höchstmaß an Raumgriff erreicht.

### *DER RENNGALOPP*

Im Renngalopp bewegt sich das Pferd in Höchstgeschwindigkeit. Wie im Arbeitsgalopp zeigt das linke Vorderbein den Linksgalopp an und umgekehrt, aber anders als im normalen Galopp hört man vier Hufschläge. Renngalopp sollte nur ein erfahrener Reiter mit einem gut trainierten Pferd auf ebenem, federndem Geläuf reiten.

## DER SCHRITT

Im Schritt hört man vier gleichmäßige Hufschläge (Viertakt). Jeder Schritt ist gleich lang. Mindestens zwei Beine befinden sich am Boden. Fußfolge: hinten links, vorne links, hinten rechts, vorne rechts.

**DAS PFERD IM SCHRITT**
Im Schritt „tritt das Pferd über“. Das heißt, die Hinterhufe treten über die Spuren der gleichseitigen Vorderhufe hinaus nach vorne.

**DER REITER**
Der Reiter sitzt senkrecht über dem Schwerpunkt des Pferdes. Schultern, Ellbogen und Handgelenke sind entspannt, die Arme folgen der Bewegung.

# DER TRAB

Der Trab ist eine Zwei-Takt-Bewegung. Jeweils die diagonalen Beinpaare treten vor. Dazwischen liegt eine **Schwebephase.** Fußfolge: vorne rechts und hinten links, hinten rechts und vorne links.

**DER REITER** • Der Reiter kann aussitzen oder leichttraben. Hier sitzt er aus. Beim Leichttraben steht er jeden zweiten Takt auf.

# DER GALOPP

Der Galopp ist eine Dreitakt-Bewegung mit einer Schwebephase, in der kein Bein den Boden berührt. Fußfolge im Rechtsgalopp: hinten links, hinten rechts und vorne links, vorne rechts. Im Linksgalopp umgekehrt.

**DAS PFERD IM GALOPP** Dieses Pferd galoppiert rechts, rechtes Vorder- und Hinterbein zeigen den Galopp an. Von „falschem" Galopp spricht man, wenn das Pferd in einer Linksbiegung rechts galoppiert und umgekehrt.

**DER REITER** • Der Reiter sitzt aufrecht im Sattel. Hände und Oberkörper folgen der leicht schaukelnden Bewegung des Galopps.

# SATTEL UND ZAUMZEUG

*Die Ausrüstung, die zum Reiten notwendig ist*

Jeder Reiter muß wissen, wie Sattel und Zaumzeug benutzt und richtig angepaßt werden. Mit ungeeignetem, schlecht sitzendem und ungepflegtem Sattelzeug fühlt sich das Pferd nicht wohl. Der richtige Sattel ist bequem und erleichtert das Lernen. Auf ihm kann man korrekt sitzen, das Reitergewicht wird gleichmäßig auf beide Seiten der Wirbelsäule des Pferdes verteilt. Das Zaumzeug muß aus gutem Leder sein, das durch sorgfältige Pflege sauber und geschmeidig bleibt. Gebisse wirken je nach Größe und Form unterschiedlich auf das Pferdemaul ein.

**GENICKSTÜCK**
Damit wird die Höhe des Gebisses bestimmt.

**STIRNRIEMEN**
Verhindert das Zurückrutschen des Zaumzeugs.

**BACKENSTÜCK**
Verbindung zwische Genickstück und Gebiß.

**KEHLRIEMEN**
Verhindert, daß das Zaumzeug nach vorne rutscht.

**NASENRIEMEN**
Verhindert, daß das Pferd sich durch Maulaufsperren dem Gebiß entzieht.

**GEBISS**
Olivenkopfgebiß. Die Seitenteile sind so geformt, daß das Maul nicht gescheuert wird

**ZÜGEL**
Können aus Leder oder Gurtstoff sein. Gummistücke verhindern, daß die Zügel durch die Hände rutschen. Sehr dicke Zügel sind unhandlich und machen die Hand unsensibel. Zu lange Zügel sind gefährlich.

## DER TRENSENZAUM

Besteht aus verschiedenen Lederteilen, die so zusammengeschnallt werden, daß das Gebiß richtig im Maul liegt. Die Zügel sind am Gebiß befestigt.

*Gummitrense*

*Stangengebiß aus Nylon*

*Wassertrense*

*Olivenkopfgebiß*

*Pelham mit Verbindungsstücken*

**EINFACHE GEBISSE**
Meist wird mit einfacher Wassertrense geritten. Ein dünnes Mundstück wirkt im allgemeinen schärfer als ein dickes. Gummigebisse wirken besonders weich. Das Pelham ist für unempfindliche Mäuler gedacht. Es vereint die Wirkung von Trense und **Kandare.** Es hat zwei Paar Zügel, um die Einwirkung zu variieren. Verbindungsstücke ermöglichen den Gebrauch auch nur eines Paar Zügel.

# DER SATTEL

Das Gerüst des Sattels, der **Sattelbaum,** ist die Basis der Sitzfläche, schützt die Wirbelsäule des Pferdes und gibt ihm Bewegungsfreiheit. Die Form des Sattels beeinflußt den Sitz des Reiters. Für die verschiedenen Reitdisziplinen gibt es jeweils spezielle Sättel.

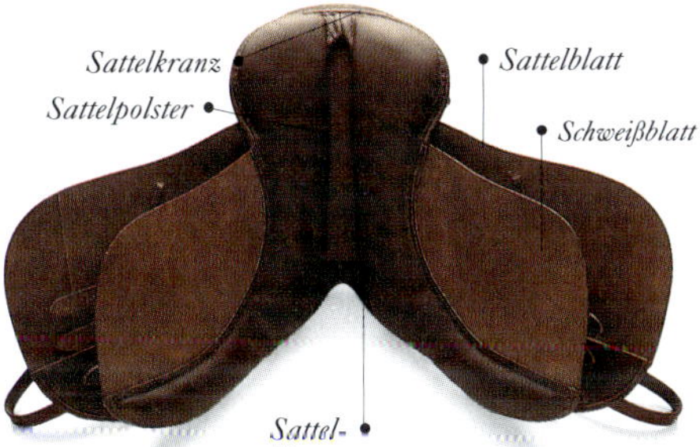


**SCHWEISSBLATT UND POLSTERUNG**
Das Schweißblatt bildet eine glatte Oberfläche an der Sattelunterseite. Das Sattelpolster wirkt wie ein festes Kissen zwischen Reiter und Pferderücken und verhindert, daß die Wirbelsäule gedrückt wird.

**GURT**
Mit dem Gurt, der entsprechend stabil ist, wird der Sattel auf dem Pferderücken befestigt.

**BÜGELSCHNALLE**
Befestigt den Bügelriemen am Sattel

**STEIGBÜGEL**
Muß groß und schwer sein, damit der Fuß leicht hinein- und herausgleitet.

**PAUSCHEN**
Halten das Knie am richtigen Platz.

**BÜGELRIEMEN**
Muß aus sehr starkem Leder sein.

**SCHNALLEN-SCHONER**
Schützt die Sattelklappe.

**STRUPFEN**
Handgenäht und sehr stabil.

# DIE AUSRÜSTUNG DES REITERS

*Kleidung und Zubehör, die das Reiten leichter, sicherer und bequemer machen*

Wichtigstes Kleidungsstück ist die Reitkappe. Kaufen Sie keine billige, schlechtsitzende Kappe, keine mit festem Schirm, der Ihnen bei einem Aufprall das Nasenbein brechen oder eine Gehirnerschütterung verursachen kann. Wichtig sind feste Schuhe oder Stiefel mit deutlichem Absatz und durchgehender Sohle, ohne Schnallen, damit der Fuß weder durch den Bügel rutschen noch sich darin festhaken kann. Turnschuhe und andere weiche Schuhe bieten keinerlei Schutz. Langes Haar gehört zusammengebunden oder in ein Haarnetz. Flatternde Jacken und Halstücher sowie klimpernder Schmuck können gefährlich sein.

**HANDSCHUHE**
Damit die Zügel nicht scheuern und die Hände sauber bleiben, immer Handschuhe tragen! Sie müssen eng anliegen, damit das Feingefühl erhalten bleibt und die Zügel bei Nässe nicht rutschen.

## *TURNIERKLEIDUNG*

Turnierkleidung wird bei Wettbewerben und anderen besonderen Gelegenheiten getragen. Sie ist elegant und zugleich praktisch. Über einem hellen Hemd wird eine dunkelblaue, schwarze, dunkelgrüne oder dunkelrote Jacke oder eine Tweedjacke getragen. Zur dunklen Jacke gehört eine Krawatte oder ein weißer bzw. cremefarbener Plastron mit Plastronnadel. Zur Tweedjacke gehört ein gemusterter oder farbiger Plastron. Die Nadel wird aus Sicherheitsgründen waagerecht angesteckt. Der offizielle Anzug wird vervollständigt durch eine feste schwarze oder zur Jacke passende dunkle Kopfbekleidung, durch helle Reithosen, schwarze Stiefel aus Leder oder Synthetik, Handschuhe und für erfahrene Reiter Sporen und Gerte.

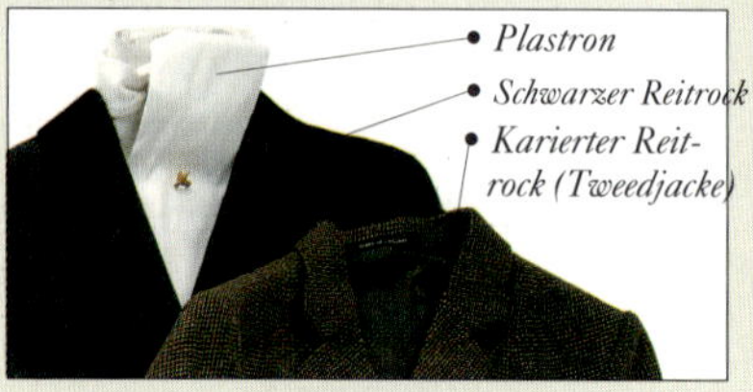

**BEIM TURNIER**
Diese Teilnehmer an einer Materialprüfung tragen Tweedjacken, helle Reithosen, Stiefel und stumpfe Sporen. Ihre „Melonen" sind zwar eine traditionelle Kopfbedeckung, bieten aber für das tägliche Reiten keinen ausreichenden Schutz.

## *ZUERST DER KOPF*

Sowohl der Sturzhelm als auch die leichtere feste Reitkappe werden mit einem Kinnriemen befestigt. Nur so garantieren sie festen Sitz und entsprechen den Sicherheitsstandards. Der Sturzhelm schützt am besten. Ein Stoffüberzug mit Schirm schützt die Augen vor Regen und Sonne.

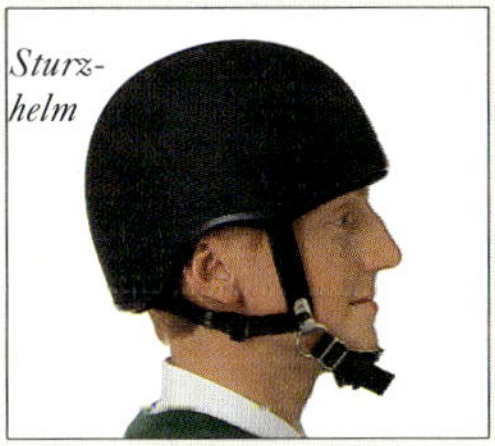

*Sturzhelm*

*Feste Reitkappe*

# FREIZEITKLEIDUNG

Wichtig sind feste Kappe oder Helm und Stiefel bzw. Stiefeletten. Dunkle Reithosen oder gut sitzende Jeans und ein Oberteil mit langen Ärmeln, das die Arme schützt, sind praktisch.

**STEPPJACKE**
Eine leichte Steppjacke dämpft den Aufprall bei einem Sturz.

**PULLOVER**
Ein gut sitzender Pullover gibt eine klare Silhouette, so daß der Lehrer Sitzfehler und Verkrampfungen schnell erkennen und korrigieren kann.

**REITHOSEN**
Stiefelhosen reichen bis unter die Wade. Teile, die mit dem Sattel in Berührung kommen, dürfen keine Falten werfen und keine Nähte aufweisen. Scheuergefahr!

**JODHPURS**
Jodhpurs reichen bis zum Knöchel. Wie bei Stiefelhosen ist die Innenseite durch Leder- oder Stoffbesatz verstärkt.

**STIEFEL**
Eng anliegende Stiefel schützen das Bein und geben ihm Halt. Gummistiefel sind billig und leicht zu reinigen, aber Lederstiefel sind strapazierfähiger und angenehmer, weil die Füße nicht schwitzen.

**STIEFELETTEN**
Stiefeletten mit elastischem Einsatz an der Außenseite und deutlichem Absatz sind sicherer als Halbschuhe. Sie schützen den Knöchel und verhindern, daß der Fuß durch den Bügel rutscht.

# DIE REITSCHULE

*Worauf Sie bei der Auswahl der Reitschule achten sollten*

Suchen Sie einen Reitbetrieb, der von Fachleuten empfohlen wird, in dem erfahrene, qualifizierte Lehrer unterrichten, die den Schülern darüber hinaus **Verständnis für das Pferd** vermitteln. Wichtig sind freundliche Atmosphäre, gute Organisation und willige, gesunde Pferde mit richtigem Hufbeschlag. Eine Reithalle oder ein eingezäunter Reitplatz sind ideal. Jedoch ist eine bescheidene, aber sauber gehaltene Anlage einer schmutzigen Halle mit unebenem Boden und kaputten Hindernissen vorzuziehen. Prüfen Sie, ob Ställe und Futterkammer sauber sind, ob das Sattelzeug gut gepflegt und das Heu von guter Qualität ist. Telefon, Erste-Hilfe-Ausrüstung und Feuerlöscher sollten ebenfalls vorhanden sein.

**MISTHAUFEN**
Der Misthaufen ist vom Stall aus und für Fahrzeuge gut zu erreichen, aber außer Sichtweite, um Fliegen und Geruchsbelästigung zu vermeiden.

**SATTELKAMMER**
Das Sattelzeug wird in einem trockenen, staubfreien Raum aufbewahrt, wo genügend Platz zur Lederpflege und für andere Utensilien (Decken) ist.

## FEUERLÖSCHER

Feuerlöscher und Schlauch sind – gut sichtbar angebracht – wichtige Vorsichtsmaßnahmen. Das strikte Rauchverbot muß eingehalten werden.

## STÄLLE

Die Ställe sind luftig, trocken und sauber. Eine Box sollte etwa 4 qm groß sein. Ideal sind, wie hier, Außenboxen.

## WEIDEN

Die Weiden sind nicht kahl, voller Unkraut und mit Würmern infiziert. Sie sind gut drainiert, es gibt frisches Wasser und sichere Zäune.

## REITHALLE

In der Reithalle geht der Unterricht sicher und ungestört vonstatten, unabhängig vom Wetter und – falls Licht vorhanden – von der Tageszeit.

# DER REITLEHRER

*Um Reiten zu lernen , ist guter Reitunterricht ebenso wichtig wie ein geeignetes Pferd.*

Im Unterricht sollen Ihnen ein solides reiterliches Fundament und Selbstvertrauen vermittelt werden. Ein guter Lehrer sorgt dafür, daß Sie den Anforderungen gewachsen sind, Freude haben und Ihre Sicherheit gewährleistet ist. Er lehrt Sie die Achtung vor dem Pferd. Er liebt seinen Beruf, die Arbeit mit Schülern und Pferden. Selbstvertrauen, Aufgeschlossenheit, Geduld und Taktgefühl sind unerläßlich. Der gute Ausbilder ist immer bereit zu loben, übt aufbauende Kritik, beobachtet genau. Er spricht mit deutlicher Stimme, der man gerne zuhört, gibt einfache Anweisungen und Erklärungen und stellt zu jedem Schüler ein gutes Verhältnis her.

## UNTERRICHT GEBEN

Jede Unterrichtsstunde hat einen Plan und ein Ziel, um sie optimal zu nutzen. Der Ausbilder ist pünktlich und korrekt gekleidet.

**KLEIDUNG** Der Ausbilder trägt Reitkleidung, damit er selbst im Sattel Dinge vormachen oder Fehler korrigieren kann.

**STANDORT** Es ist sicherer und praktischer, wenn der Reitlehrer unten steht. So kann er das Zaumzeug oder den Sitz des Reiters schnell korrigieren.

**DER REIHE NACH**
Unterrichtspausen dienen der Entspannung des Reiters und der Erholung des Pferdes. Passen Sie auf, wann Sie wieder an der Reihe sind!

**ZUWENDUNG**
Sie können von Ihrem Ausbilder persönliche Aufmerksamkeit erwarten und das Gefühl, jederzeit Ihre Probleme mit ihm besprechen zu können.

## VERSCHIEDENE ARTEN DES UNTERRICHTS

### IN DER GRUPPE ODER ABTEILUNG

Unterricht in der Gruppe in einer geschlossenen Bahn ist ideal für bis zu sechs Reiter von ähnlichem Ausbildungsstand. Meist sind Helfer zur Stelle, um notfalls ein Pferd zu führen. Ein erfahrener Reiter oder ein vorwärtsgehendes Pferd übernehmen die Führung der Abteilung.

### AM FÜHRZÜGEL

Bei ängstlichen Reitern und ungezogenen Pferden ist es angebracht, das Pferd zu führen. Allerdings ist das nur im Schritt möglich, und Sitzkorrekturen sind schwierig, weil der Reiter durch den Führenden verdeckt wird.

### ZU FUSS

Themen für den Unterricht ohne Pferd sind Stall-Management, Pferdepflege, Füttern, Anpassen und Pflege des Sattelzeugs, Verkehrssicherheit, Erste Hilfe oder fortgeschrittene Reittechniken.

### AN DER LONGE

An der Longe kontrolliert der Ausbilder das Pferd, der Reiter konzentriert sich auf Sitz und Balance. Zur Sicherheit faßt der Reiter statt in die Zügel in einen **Halsriemen.**

**HALTUNG**
Auch in den Pausen soll der Reiter korrekt sitzen bleiben, um sich an die richtige Haltung zu gewöhnen. Diese Reiterin stützt die Hände auf dem Pferd ab.

**HILFE BEIM AUFSITZEN**
Ein Helfer hält das Pferd und drückt den gegenüberliegenden Bügelriemen herunter, wenn der Reiter Auf- und Absitzen lernt.

### KONZENTRATION

Damit die Konzentration nicht nachläßt, muß der Reiter zwischendurch immer wieder neu angeregt werden. Phasen körperlicher und geistiger Anspannung wechseln sich mit Ruhepausen ab.

### DER HELFER

Wenn er selbst im Sattel sitzt, kann der Helfer die Spitze der Abteilung übernehmen oder Übungen vormachen. Zu Fuß kann er bei Problemen eingreifen, z. B. ein Pferd führen.

# DAS PFERD

*Die Suche nach dem geeigneten Lehrpferd*

Lassen Sie sich bei der Auswahl des Pferdes, auf dem Sie reiten lernen, von einem Fachmann oder dem Reitlehrer beraten. Es gilt der Satz „Gute Pferde machen gute Reiter“, aber hüten Sie sich vor hochtrainierten oder sehr sensiblen Pferden. Sie sind selten für Anfänger geeignet, bei denen **Balance,** Sitz und **Hilfengebung** noch unsicher sind. Jede ungewollte oder verkrampfte Bewegung würde sie verwirren, unkontrollierte Reaktionen und unter Umständen gefährliche Situationen heraufbeschwören. Ideal ist ein Pferd in passender Größe mit einer soliden Grundausbildung, Damit der Anfänger das überaus wichtige Vertrauen entwickelt, soll das Pferd über ein gutwilliges, ruhiges Temperament und Erfahrung mit Anfängern verfügen.

**ES MUSS PASSEN**
Ein kleiner Reiter auf einem großen Pferd (l.) wird es schwer haben, mit richtigen Hilfen das Pferd unter Kontrolle zu bekommen. Ein zu großer Reiter, bei dem die Füße unterhalb des Pferdekörpers herabhängen (ganz l.), kann die Bewegungen und die **Balance** des Pferdes stören.

## DAS UNGEEIGNETE PFERD

**SCHLECHTER ALLGEMEINZUSTAND**
Das Pferd sieht müde aus, Augen und Fell sind stumpf. Es wirkt gleichgültig – Zeichen von Überforderung oder Langeweile. Es ist zu dick oder zu dünn und schwach. Die Hufe sind zu lang oder ausgebrochen, die Eisen abgelaufen. Es hat **Scheuerstellen** vom Gurt oder **Satteldruck.** Beine oder Gelenke sind heiß oder geschwollen. Aus der Nase läuft eitriger Ausfluß.

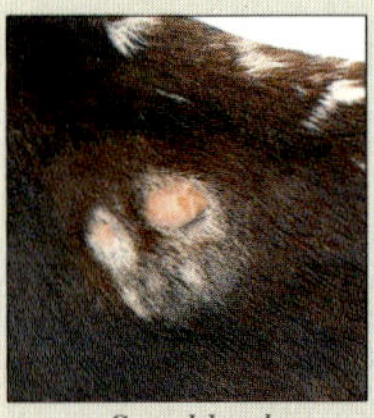

*Satteldruck*

**SCHLECHTE MANIEREN**
Das Pferd ist temperamentvoll oder unruhig. Typische Zeichen: Es steht nicht still beim Aufsitzen, schaut sich nervös um, regt sich in Gesellschaft anderer Pferde auf, **„zackelt“, scheut** oder **buckelt.**
Es hat Angst vor anderen Pferden oder versucht, sie zu schlagen und zu beißen. Es ist schwer zu stoppen und zu wenden. Es geht auch nach energischer Aufforderung des Reiters nicht vorwärts. Es schaltet auf stur, „klebt“, bleibt plötzlich stehen, drängt zum Stall oder Ausgang oder geht nicht von anderen Pferden weg.
Schlimmste und für Reiter und Pferd gleichermaßen sehr gefährliche Unart: Es **steigt.**

# DAS GEEIGNETE PFERD

Diese Pferde sehen aufmerksam und dabei doch gelassen aus. Der große Braune kann mühelos bis zu 85 Kilo tragen, auf den kleinen Palomino paßt ein leichter Reiter bis etwa 57 Kilo.

**GUTE KONDITION**
Diese Pferde haben die richtige Kondition für die verlangte Arbeit. Sie sind weder zu dick noch zu dünn. Sie sehen gesund und gut gepflegt aus.

**SÄTTEL**
Hier sind zwei Vielseitigkeitssättel abgebildet. Die Satteldecken sind angenehm für die Pferde: Sie saugen Fett und Schweiß auf. Bügeleinlagen aus Gummi geben festen Halt.

**ZAUMZEUG**
Dieses Zaumzeug hat ein einfaches Trensengebiß. Es ist korrekt verschnallt, sauber und sicher.

**DIE RICHTIGE GRÖSSE**
Wieviel Gewicht ein Pferd tragen kann, hängt von Größe und Gebäude ab. Ein korrekt gebautes Pferd (s. S. 10/11) ist kräftiger als ein unkorrektes.

**FALSCHE ZÄUMUNG**
Das Zaumzeug ist schmutzig, das Leder brüchig, die Nähte aufgerissen. Scharfe Gebisse und Hilfszügel warnen: kein Anfängerpferd.

**SCHARFE GEBISSE**
Dünne Gebisse in ungeübter Hand verursachen Schmerz und schaden mehr als sie nützen.

*Kimblewick Pelham (Springkandare)*

*Gedrehte Trense*

*Scharniertrense Doctor Bristol*

**CHARAKTER**
Anfängerpferde können ganz unterschiedliche Typen sein. Voraussetzung ist eine solide Ausbildung. Ein freundliches Temperament und weiche Bewegungen sind wichtiger als überdurchschnittliche Fähigkeiten. (Hochtalentierte Pferde brauchen meist einen erfahrenen Reiter.)

# Fit aufs Pferd

*Übungen zur Verbesserung von Kondition, Kraft und Ausdauer als Vorbereitung zum Reiten*

Ein guter Reiter muß nicht bärenstark, aber er sollte einigermaßen fit sein. Weder Sie noch das Pferd werden sich wohlfühlen, wenn Sie müde und außer Atem sind oder über Muskelkater klagen. Die folgenden Übungen sollen die allgemeine Kondition, Balance und Koordination verbessern. Das Reiten macht mehr Spaß, und Sie werden schneller Fortschritte machen, wenn Sie unkontrollierte Bewegungen mit Armen, Händen und Beinen vermeiden können, die Ihr Pferd vielleicht mißversteht.

## Lockerung

Turnen Sie diese Übungen, um Hals, Schultern, Ellbogen, Handgelenke, Hüften, Knie und Fußgelenke zu lockern. Sie beheben Muskelverkrampfungen, die den Reiter ermüden und sich auf das Pferd übertragen.

**BEINSCHWINGEN**
Knie ganz leicht beugen, das linke Bein etwa zehnmal vorwärts und rückwärts schwingen. Dasselbe mit dem rechten Bein. Wenn nötig, stützen Sie sich auf einem Stuhl o. ä. ab.

**SEITENDEHNEN**
Stehen Sie aufrecht, Füße leicht auseinander, Arme ausgestreckt. Dehnen Sie jetzt die rechte Seite, indem Sie den linken Arm so weit wie möglich nach unten strecken. Dasselbe auf der anderen Seite. Die Übung wiederholen, so oft Sie können.

**RUMPFDREHEN**
Grundstellung wie beim Seitendehnen. Arme um den Körper schwingen, soweit es geht. Zurückschwingen.

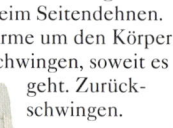

# FITNESS

Übungen, die die Lungen kräftigen, sind fürs Reiten besonders nützlich. Bauen Sie allmählich Ihre Ausdauer auf, indem Sie die Anzahl der Übungen steigern. Vorsicht: Für ältere und untrainierte Menschen sind die Übungen zu anstrengend, wenn sie zu oft oder zu schnell geturnt werden.

**SEIL-SPRINGEN**
Seilspringen ist ein ideales Ausdauertraining. Springen Sie so oft und so schnell, bis Sie außer Atem sind.

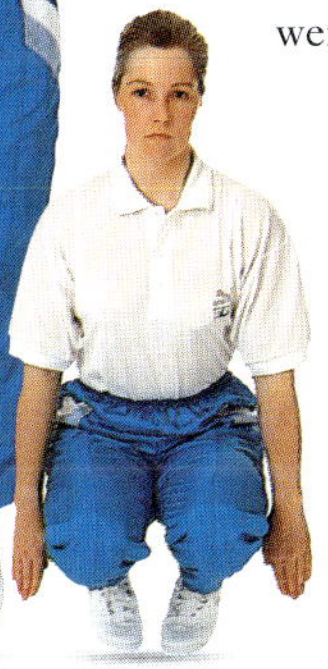

**KNIEBEUGEN**
Auf die Zehenspitzen hocken, Arme locker hängen lassen. Hochspringen, die Arme dabei nach oben recken. So oft wiederholen, wie Sie können.

# KRAFT

Wenn Sie nicht fit sind, müssen Ihre Muskeln gekräftigt werden. Das erleichtert die Haltung im Sattel, Sie können länger reiten. Turnen Sie Übungen, die die Muskeln, vor allem die Beinmuskeln, wechselweise an- und entspannen.

**TREPPENSTEIGEN**
Stellen Sie den linken Fuß auf eine Stufe, springen Sie mit beiden Beinen hoch, setzen Sie dann das rechte Bein auf die Stufe. Zehnmal mit jedem Bein wiederholen.

**FAHRRADFAHREN**
Leben Sie sich auf den Rücken, die Hände neben sich oder unter dem Rücken verschränkt. Beine und Gesäß anheben und in der Luft fahrradfahren.

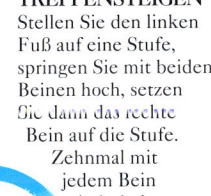

**AUFSETZEN**
Sie liegen auf dem Rücken, Knie angezogen, Füße flach auf dem Boden. Setzen Sie sich hin, ohne die Arme zu benutzen, dann wieder hinlegen. Mit fünfmal beginnen.

# DIE PRAXIS

*Die Lernziele auf einen Blick*

Der Kurs soll zehn Basis-Ziele in wenigen Tagen erreichen. Zunächst geht es um wichtige Vorkenntnisse. Sie lernen, wie man sich dem Pferd nähert, es auf der Weide einfängt und zum Reiten fertig macht. Sie sitzen auf und lernen, sich im Sattel einzurichten, so daß Sie losreiten können. Dann wird bereits mehr gefordert: Traben, Sitzübungen an der Longe zur Verbesserung der Balance, und wenn Sie es sich zutrauen, auch der erste Galopp. Wahrscheinlich sind Sie danach ziemlich erschöpft und spüren auf einmal Muskeln, von deren Existenz Sie bisher nichts ahnten!

Obwohl dieser Kurs in wenigen Tagen absolviert werden kann, wollen Sie sich vielleicht mehr Zeit nehmen. Schließlich soll Ihnen das Reiten vor allem Spaß machen.

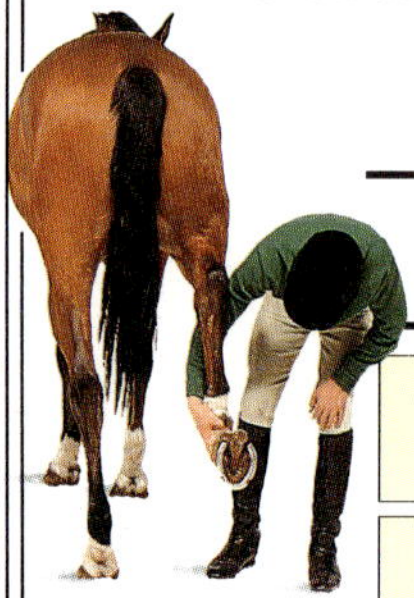

*Hufe hochheben*

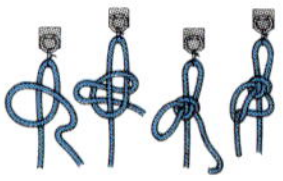

*Schnell zu lösender Knoten*

| | | *Benötigte Zeit (in Stunden)* | *Seite* |
|---|---|---|---|
| 1. Lektion | Umgang mit dem Pferd | ½ | 28-29 |
| 2. Lektion | Vorbereitung zum Reiten | 1 | 30-33 |
| 3. Lektion | Satteln und Zäumen | ½ | 34-37 |
| 4. Lektion | Aufsitzen | ½ | 38-41 |
| 5. Lektion | Im Sattel | ½ | 42-49 |
| 6. Lektion | Die ersten Schritte | 1 | 50-55 |

*Führen des Pferdes*

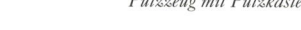

*Putzzeug mit Putzkasten*

*Gymnastik im Sattel*

## ERLÄUTERUNG DER SYMBOLE

### UHR

Eine kleine Uhr erscheint auf der ersten Seite jeder neuen Lektion. Sie zeigt an, wie lange Sie etwa für die Lektion brauchen und welcher Zeitpunkt sich dafür am besten eignet. Beispiel: Schauen Sie auf die Uhr auf S. 30. Das blaue Segment bedeckt eine Stunde, die Zeit, die für Lektion 2 veranschlagt ist: Vorbereitung zum Reiten. Das graue Segment zeigt an, daß Sie bereits eine halbe Stunde für Lektion 1 gebraucht haben: Umgang mit dem Pferd

### SCHWIERIGKEITSGRAD •••••

Jede Lektion wird nach ihrem Schwierigkeitsgrad mit einem Punktsystem bewertet. Ein Punkt (•) bedeutet: ziemlich einfach. Fünf Punkte (•••••) heißen: eine schwierige Übung, die Sie vielleicht nicht an einem Wochenende lernen können.

### SCHATTENBILDER

Die hellen Abbildungen in einigen Folgen sind Schritte, die anschließend erklärt werden.

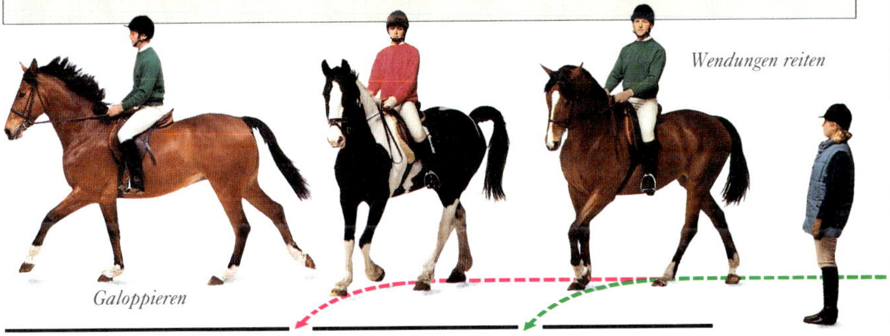

Galoppieren

Wendungen reiten

| | Benötigte Zeit (in Stunden) | Seite |
|---|---|---|
| 7. Lektion Traben | ½ | 56-59 |
| 8. Lektion Longenunterricht | 1½ | 60-63 |
| 9. Lektion Reiten in der Gruppe | 1½ | 64-67 |
| 10. Lektion Galoppieren | ½ | 68-71 |

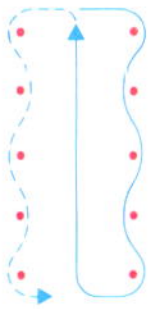

Schlangenlinien

Longenunterricht

Traben

LEKTION

# 1 UMGANG MIT DEM PFERD

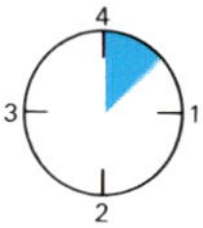


*Sie lernen das Verhalten des Pferdes verstehen*

Das Verständnis für das Verhalten Ihres Pferdes ist der erste Schritt zu einer guten Partnerschaft. Ein Pferd, das gut behandelt wird, vertraut dem Menschen. Ein angsterfülltes Pferd kann ungeahnte Kräfte entwickeln und sehr gefährlich sein. Sprechen Sie immer in ruhigem Ton, brüllen Sie nie. Pferde sind in diesem Punkt sehr sensibel. Vermeiden Sie Lärm (Straßenbaumaschinen, knatternde Motorräder). Vermeiden Sie hastige Bewegungen. Versuchen Sie, Ihr Pferd freundlich zu überreden. Pferde vergessen niemals schlechte Erfahrungen, aber sie erinnern sich auch an Lob und Belohnung. Sie fühlen sich in einer freundlichen Umgebung mit regelmäßigem Tagesablauf am wohlsten.

*Ziel:* Der Reiter lernt, sich mit dem Pferd zu verständigen, sicher und vertrauensvoll mit ihm umzugehen. *Schwierigkeitsgrad:* •••••

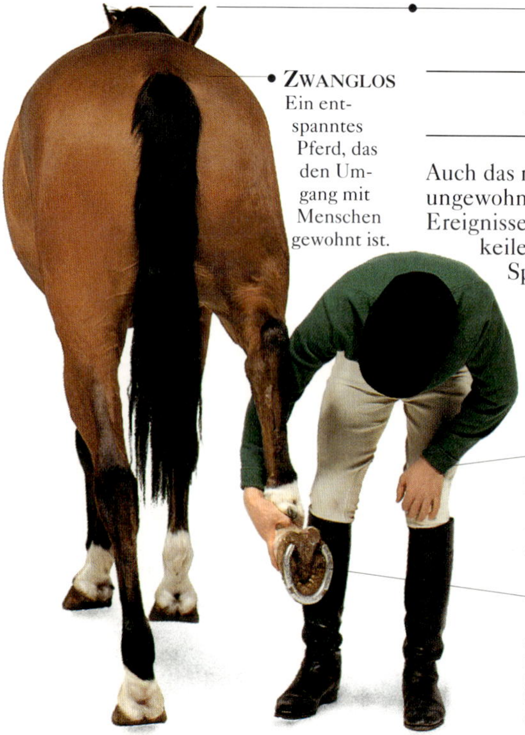

• **ZWANGLOS** Ein entspanntes Pferd, das den Umgang mit Menschen gewohnt ist.

## AUFPASSEN

Auch das ruhigste Pferd kann sich bei ungewohnten Geräuschen und Ereignissen plötzlich erschrecken, auskeilen und sich losreißen. Sprechen Sie immer ruhig mit dem Pferd, damit es weiß, wo Sie stehen. Erzählen Sie ihm, was Sie gerade tun. Behandeln Sie es freundlich und vermeiden Sie hastige Bewegungen.

• **IHRE POSITION** Stellen Sie sich so, daß Sie nicht getreten werden können. Wenn Sie einen Huf hochheben, beugen Sie sich herunter und seien Sie darauf gefaßt, eventuell schnell zur Seite zu springen.

• **UNTERSUCHUNG DER HINTERHUFE** Sie stehen mit dem Gesicht zum Pferd, die Hand fährt von oben langsam das Bein herunter bis zum Sprunggelenk, dann weiter an der Innenseite des Röhrbeins. Sagen Sie „Fuß“. Bei Widerstand leicht auf das Fesselgelenk drücken.

# KONTAKTAUFNAHME

Langsam an das Pferd herantreten, es ruhig ansprechen. Es soll Sie sehen können. Beruhigen Sie es mit Streicheln und sanfter Stimme. Keine hastigen Bewegungen.

**OHRENSPIEL BEACHTEN**
An den Ohren kann man die augenblickliche Stimmung des Pferdes ablesen. Zurückgedrehte Ohren deuten auf Unzufriedenheit, oder die Aufmerksamkeit ist nach hinten gerichtet. Vorsicht bei flach angelegten Ohren! Gespitzte Ohren zeigen: Das Pferd ist aufmerksam, willig und ohne Angst.

**VON HINTEN**
Ansprechen, bevor Sie von hinten herantreten. Mit der Hand über Rücken und Kruppe fahren, damit das Pferd weiß, wo Sie sind.

**KITZELIGE STELLEN**
Vorsicht, das Pferd ist an manchen Stellen kitzlig: an Flanken, Bauch und an den Innenseiten der Hinterschenkel.

**RICHTIG FÜTTERN**
Damit Sie nicht aus Versehen gekniffen werden, reichen Sie Leckerbissen, wie Zuckerstücke, immer auf der flachen Hand, die Finger zusammen.

## *VERHALTEN UND TEMPERAMENT*

### DIE STIMMUNG DEUTEN

Es ist sehr wichtig, die Stimmung des Pferdes zu erfassen und daraus auf mögliche Reaktionen in verschiedenen Situationen zu schließen. Ein frisches, übermütiges Pferd wird vielleicht **zackeln** und **buckeln** und braucht einen erfahrenen Reiter, um sich zu beruhigen. Klebt das Pferd an seinen Artgenossen, ist es vielleicht faul oder widersetzlich und braucht einen energischen Reiter. Schwitzen in Verbindung mit erhöhter Puls- und Atemfrequenz deutet, falls nicht Hitze oder Anstrengung der Grund sind, auf Schmerz oder Angst hin. Zeichen von Angst sind auch lautes Schnauben und Verdrehen der Augen, so daß das Weiße zu sehen ist.

*Falsch: Ziehen statt führen*

### ÜBERZEUGEN STATT ZWINGEN

Versuchen Sie es mit Überredung, nicht mit Gewalt. Wenn sich das Pferd nicht führen läßt, bitten Sie jemanden, hinterherzugehen, oder Sie tippen mit einer langen Gerte an Rippen oder Hinterhand.

LEKTION

# 2 Vorbereitungen zum Reiten

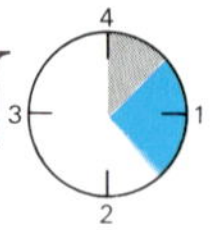


*Sie lernen, wie man ein Pferd auf der Weide fängt, es führt, anbindet und putzt.*

Wenn Ihr Pferd auf der Weide ist, müssen Sie es vor dem Reiten in den Stall bringen, damit Sie es putzen und die Hufe saubermachen können. Nähern Sie sich dem Pferd ruhig und bestimmt, wenn Sie es fangen wollen. Nicht laufen oder schreien, keine hektischen Bewegungen. Nicht ohne Vorwarnung von hinten an das Pferd herantreten. Es kann sich erschrecken und auskeilen.

*Ziel:* Das Vertrauen zwischen Reiter und Pferd wird durch den Umgang, durch Einfangen, Führen und Putzen entwickelt.
*Schwierigkeitsgrad: Einfangen ••• Putzen •••*

## Einfangen

*Sie brauchen ein Halfter und einen Führstrick. Keine flatternden Kleidungsstücke, manche Pferde scheuen davor!*

**• Rechter Arm**
Locken Sie das Pferd mit einem Leckerbissen auf der ausgestreckten Hand zu sich.

1. Schritt

### Annäherung

Weidetor schließen. Von vorne oder seitlich an das Pferd herantreten, so daß es Sie sieht, bestimmt, aber ohne Hast. Sprechen Sie mit ihm. Wenn es weggeht, noch einmal versuchen. Niemals das Pferd auf der Weide jagen.

**• Das Pferd**
Wenn Sie sich dem Pferd nähern, achten Sie auf Anzeichen von Nervosität oder Mißtrauen.

**• Halfter**
Der Strick ist am Halfter befestigt, der Kehlriemen ist offen. Verstecken Sie das Halfter hinter dem Rücken, damit das Pferd es nicht sieht.

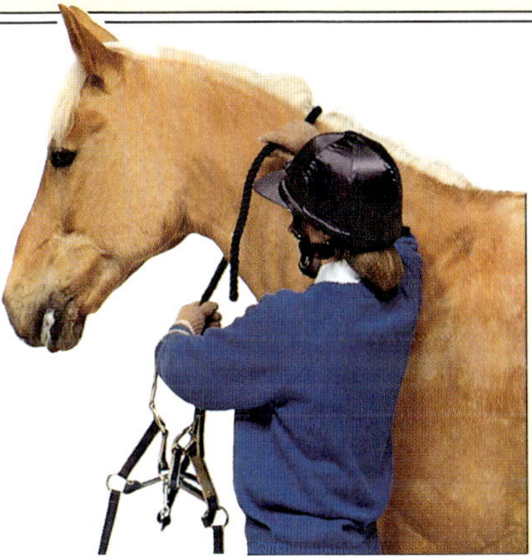

**2. EINFANGEN**
Während das Pferd den Leckerbissen frißt, legen Sie den Führstrick nahe am Kopf um den Hals und fassen die Enden zusammen, während Sie das Halfter zurechtlegen.

**3. HALFTER ANLEGEN**
Schieben Sie den Nasenriemen über das Maul, fassen Sie unter der Kehle durch hinter den Kopf und streifen Sie das Genickstück über die Ohren. Kehlriemen links festschnallen.

**RUHIG GEHEN**
Das Pferd soll Ihnen ruhig folgen. Aber aufpassen, falls es sich erschreckt oder wegstürmen will.

4. Schritt

## FÜHREN

Sagen Sie „Komm" oder schnalzen Sie mit der Zunge und rucken Sie, falls nötig, ganz leicht am Strick. Schauen Sie nach vorne. Das Pferd soll Ihnen jetzt folgen.

**IHRE POSITION**
Gehen Sie neben der Schulter des Pferdes, um es unter Kontrolle zu haben. Üben Sie das Führen auf beiden Seiten.

**FÜHRSTRICK**
Halten Sie den Strick in beiden Händen, eine Hand nahe am Pferdekopf. Niemals um die Hand wickeln.

LEKTION

2

# PFERDEPFLEGE

*Fell, Mähne und Schweif werden gesäubert, die Hufe ausgekratzt. So fühlt sich das Pferd rundherum wohl.*

## HUFE AUSKRATZEN

Das Pferd zunächst mit einem schnell lösbaren Knoten, wie unten gezeigt, anbinden. Schmutz und Steine aus den Hufen entfernen. Nur so bleiben sie gesund. Hufe in einer festen Reihenfolge auskratzen.

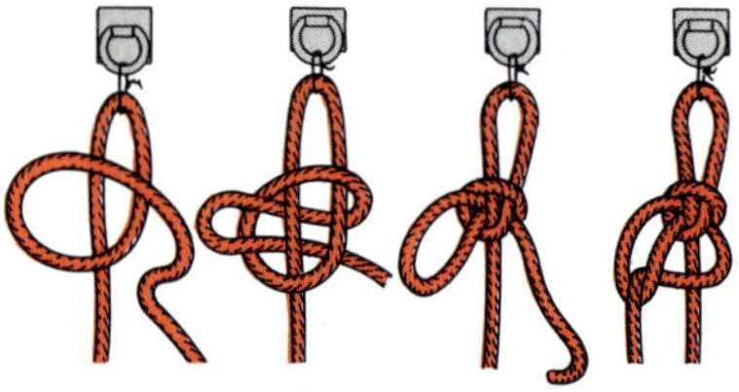

**VOM BALLEN ZUR ZEHE**
Benutzen Sie einen stumpfen Hufkratzer. Vom Ballen zur Zehe arbeiten.

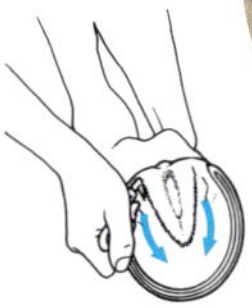

### SCHNELL LÖSBARER KNOTEN

Führstrick durch eine Bindfadenschlaufe ziehen, die wiederum an einem Ring in der Mauer befestigt ist. Knoten machen wie oben beschrieben. Er ist notfalls schnell wieder aufgezogen. Gerät das Pferd in Panik, reißt der Bindfaden, und es kann sich nicht verletzen.

*Putzkasten mit Putzzeug*

*Putzen mit Wurzelbürste*

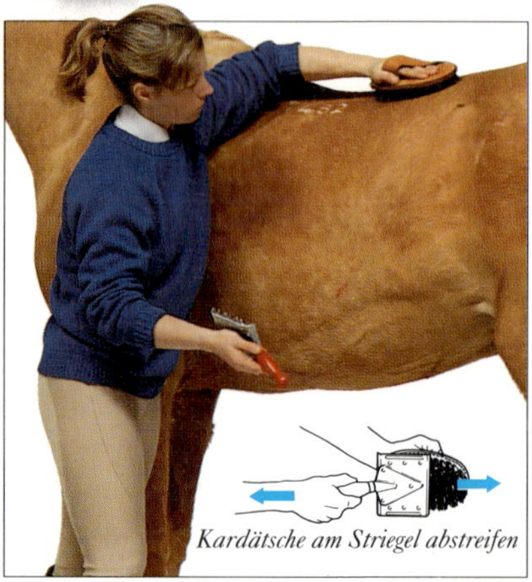

*Kardätsche am Striegel abstreifen*

### PUTZEN

Mit der Wurzelbürste (oben) Schmutz und Schweiß abkratzen. Die Wurzelbürste nie für Mähne oder Schweif benutzen – sie reißt zu viele Haare aus. Mit kräftigen Strichen bürsten. Empfindliche Partien (Kopf) aussparen. Vorsicht bei geschorenen und dünnhäutigen Pferden. Zum gründlichen Putzen die Kardätsche nehmen, am Kopf beginnend Richtung Schweif arbeiten. Mit festen, gleichmäßigen Strichen bürsten, dem Haarwuchs folgend. Nach jedem Strich wird die Kardätsche am Striegel abgestreift.

### SCHWAMM DRÜBER

Um den Kopf zu säubern, eventuell Halfter abnehmen. Zuerst mit der Kardätsche bürsten, dann mit einem feuchten Schwamm Augen, Nüstern und Maul auswischen. Für After und Schweif einen anderen Schwamm nehmen.

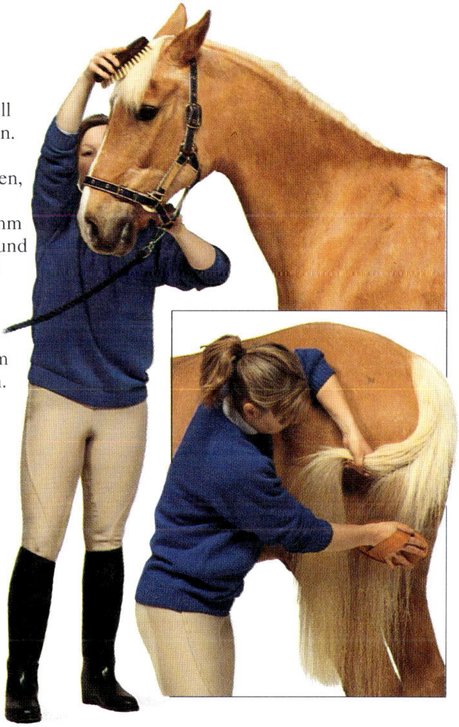

### HUFPFLEGE

Die Hufe werden mit Huffett eingepinselt. So bleibt das Horn geschmeidig, und der Huf wird nicht trocken und rissig.

### MÄHNE UND SCHWEIF

Mähne und Schweif mit der Kardätsche bürsten. Schweif zur Seite halten, damit Sie nicht geschlagen werden können. Jeweils einige Haare ausbürsten, dabei Stroh und Schmutz entfernen. Anschließend Mähne und Schweif feucht anbürsten. Schweif eventuell bandagieren, um ihm eine saubere Form zu geben.

## *PUTZZEUG*

Zum Putzzeug gehören: Kardätsche und Wurzelbürste, Gummi- oder Eisenstriegel, Mähnenkamm, Hufkratzer, Schwämme für Kopf und Hinterteil, eine Waschbürste für Mähne und Schweif, ein Lappen zum Überpolieren, Huffett und Pinsel. Nützlich: ein Schweißmesser, um nach dem Waschen das Wasser abzustreifen.

LEKTION

# 3 SATTELN UND ZÄUMEN

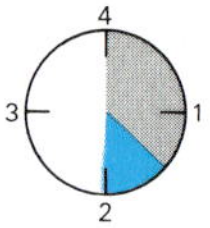


*Wie man Sattel und Zaumzeug auflegt.*

Satteln und Zäumen geht schneller, wenn das Pferd – auch zur Sicherheit – angebunden ist. Wenn es das Zaumzeug mit anderen Pferden teilt, prüfen Sie, ob es sauber ist und richtig sitzt. Am besten zuerst den Sattel auflegen und lose angurten. Während Sie den Trensenzaum auflegen (auftrensen), kann das Pferd sich entspannen. Lassen Sie es nie mit Sattel und Trense frei herumlaufen – wenn es sich wälzt, kann es sich verletzen und den Sattel beschädigen.

*ZIEL:* Korrektes Satteln und Auftrensen gewährleisten Sicherheit und Bequemlichkeit für Reiter und Pferd. *Schwierigkeitsgrad* ••••

## DER SATTEL

*Der Sattel liegt so auf dem Pferd, daß er die Wirbelsäule nicht drückt und der Reiter über dem Schwerpunkt des Pferdes sitzt.*

1. Schritt

### RUHIG NÄHERN

Treten Sie von links an das Pferd heran, die Trense über der Schulter, den Sattel über dem Arm. Eine Hand bleibt frei, etwa um ein Tor zu öffnen.

**DAS PFERD**
Sprechen Sie mit dem Pferd. Nähern Sie sich von vorne, damit es Sie sieht.

**SATTEL ÜBER DEM ARM**
Die Bügel müssen hochgeschoben sein. Gurt und Satteldecke sollen bereits am Sattel befestigt sein.

**TRENSE ÜBER DER SCHULTER**
Die Trense hängt mit dem Genickstück über der Schulter, Kehl- und Nasenriemen sind losgeschnallt. Beim Satteln Trense über einen Pfosten o. ä. hängen.

*Sattel in Richtung des Haarwuchses (von vorne nach hinten) auflegen.*

*Gurt durch die Lasche an der Satteldecke ziehen.*

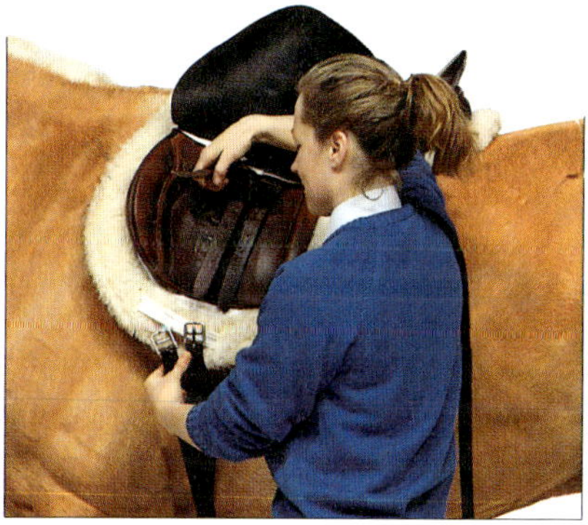

## 2. DIE RICHTIGE LAGE

Mit beiden Händen den Sattel über den **Widerrist** heben, vorsichtig auf den Rücken legen und mit dem Haarstrich in die Sattellage schieben. Die Satteldecke muß glatt und fest liegen. Wenn sie Falten wirft oder rutscht, ist der Schaden größer als der Nutzen.

*Satteldecke in die Sattelkammer ziehen, damit sie nicht auf den Widerrist drückt.*

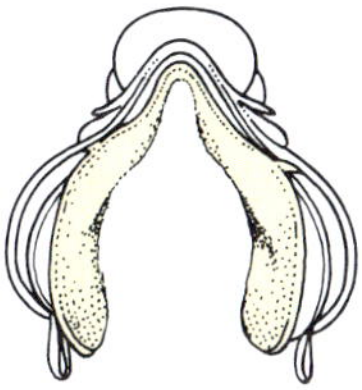

## 3. ANGURTEN

Prüfen Sie auf der rechten Seite, ob die Satteldecke richtig liegt. Lassen Sie den Gurt heruntergleiten. Er muß flach hinter dem Ellbogen liegen. Zurück auf der linken Seite, ergreifen Sie den herunterhängenden Gurt und schnallen ihn vorsichtig und gleichmäßig in die Strupfen.

*Fell unter dem Gurt glattstreichen. Aufpassen, daß die Haut nirgendwo gequetscht wird.*

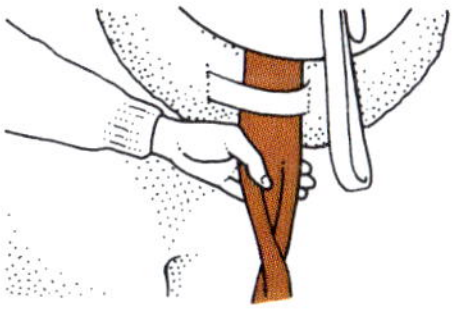

## *ABSATTELN*

Zügel über den Hals streifen oder Pferd mit Strick und Halfter anbinden. Sofort nach dem Absitzen beide Bügel hochschieben (Abb. 1), damit sie dem Pferd nicht in die Seiten schlagen. So läßt sich der Sattel auch besser tragen. Sattel vorsichtig abnehmen. Nicht fallenlassen. Wenn der **Sattelbaum** bricht, ist der Sattel nicht mehr zu gebrauchen.

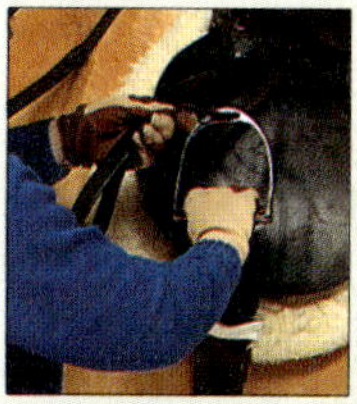

**1.** Bügel am hinteren Teil des Bügelriemens bis zur Schnalle hochschieben.

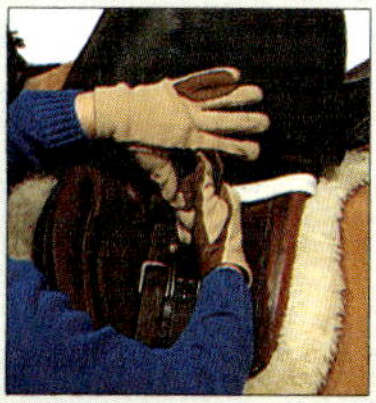

**2.** Sattelblatt hochklappen, Gurt links losschnallen.

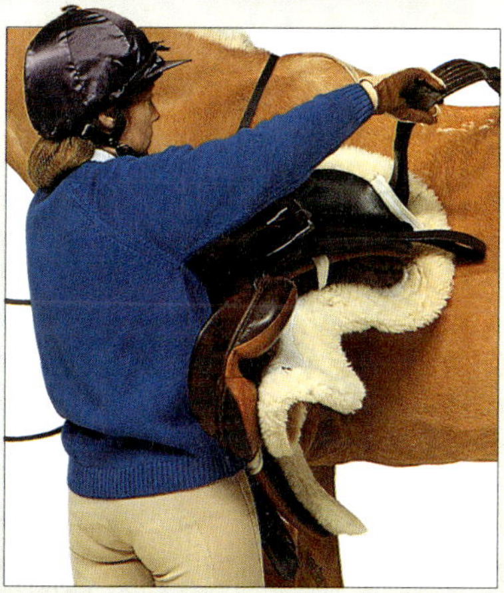

**3.** Eine Hand greift unter den Vorderzwiesel, die andere den Sattelkranz. Sattel leicht anheben, vom Pferd wegziehen und auf den Unterarm legen. Gurt über den Sattel legen.

Lektion

# 3 Das Zaumzeug

*Trense behutsam auflegen. Wenn Sie dem Pferd am Maul wehtun, kann es kopfscheu werden.*

1. Schritt

## Gebiss ins Maul

Trense in die linke Hand nehmen, Halfter abstreifen, Zügel über den Kopf streifen. Kopf am Jochbein fassen, Trense in die rechte Hand wechseln, mit der linken Hand Gebiß ins Maul schieben, Genickstück in Ohrhöhe anheben.

**Rechte Hand**
Die Backenstücke der Trense und den Kopf festhalten

**Maul öffnen**
Gebiß zwischen Finger und Daumen halten, sanft mit dem Daumen im Maul auf den zahnlosen Teil des Kiefers drücken, bis das Pferd das Maul öffnet.

**Ihre Position**
Zur größtmöglichen Kontrolle stehen Sie neben dem Hals des Pferdes, vor der Schulter, mit dem Gesicht nach vorn.

**ANDERE METHODE**
Unten: Mit dem rechten Arm zwischen die Ohren fassen und den Kopf herunterdrücken, mit der linken Hand Gebiß ins Maul schieben.

### *SO LIEGT DAS GEBISS RICHTIG*

Ein korrekt liegendes Gebiß zieht die Maulwinkel kaum hoch. Ein zu enges Gebiß kneift. Liegt es zu tief, schlägt es gegen die Zähne. Liegt es zu hoch, scheuert es am Maul. All dies kann Unbehagen und Schmerz hervorrufen, denen sich das Pferd zu entziehen versucht.

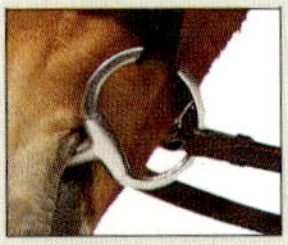

*Korrekt*

*Zu hoch*

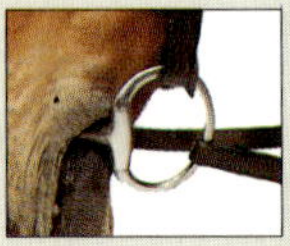

*Zu tief*

*Zu breit*

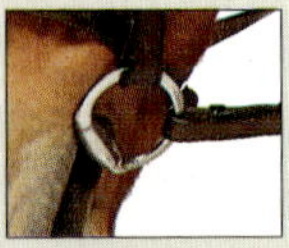

*Zu eng*

*Zur Sicherheit über die Trense ein Halfter legen und Pferd anbinden.*

## 2. TRENSE ÜBERSTREIFEN

Trense hochhalten, damit das Gebiß nicht wieder herausfällt, mit beiden Händen Genickstück nacheinander über die Ohren streifen. Schopf über das Stirnband ziehen. Von vorne prüfen, ob Gebiß und Zaumzeug gerade sitzen. Falls nötig, zurechtrücken.

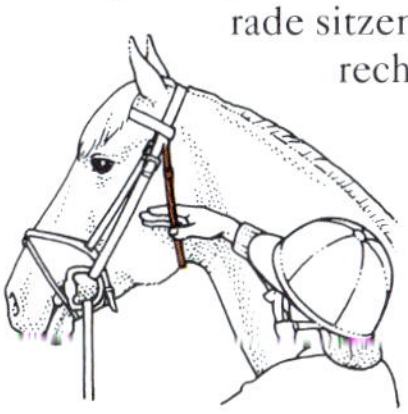

*Um die Atmung und* ***Biegung*** *nicht zu behindern, muß zwischen Kehlriemen und Kehle eine flache Hand passen.*

## 3. FESTSCHNALLEN

Erst den Kehlriemen, dann den Nasenriemen festschnallen. Letzterer muß in der Mitte zwischen Jochbein und Gebiß liegen. (Hier ist ein zweiter Nasenriemen angebracht, der in der Kinngrube verläuft.) Halfter wieder auflegen, Pferd anbinden.

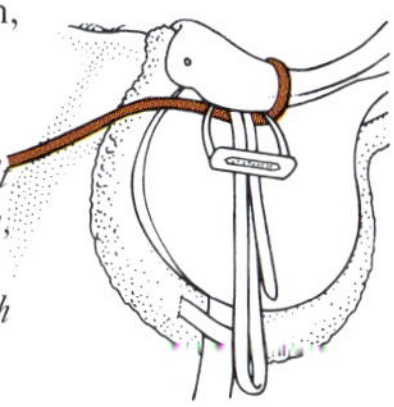

*Wenn Sie das Pferd gesattelt und aufgetrenst stehenlassen, hängen Sie die Zügel hinter die Bügel. So können sie sich nicht verheddern.*

## TRENSE ABNEHMEN

Halfter griffbereit an einen Haken oder über den Arm hängen. Zügel Richtung Pferdeohren schieben. So behalten Sie das Pferd unter Kontrolle, wenn Sie die Trense abgenommen haben. Nasen- und Kehlriemen lösen. Mit der einen Hand Kopf festhalten, mit der anderen die Trense über die Ohren ziehen, Gebiß vorsichtig aus dem Maul gleiten lassen. Wenn das Pferd den Kopf hochreißt und das Gebiß an den Zähnen oder dem empfindlichen Laden festhängt, hat es Schmerzen und macht beim nächsten Auftrensen eventuell Schwierigkeiten. Während Sie das Halfter auflegen, Zügel am Kopf zusammenhalten, erst dann abstreifen. Das Abtrensen soll schnell vor sich gehen, weil sich Pferde, wenn sie beim Reiten geschwitzt haben, gerne mitsamt Trense scheuern.

LEKTION

# 4 AUFSITZEN

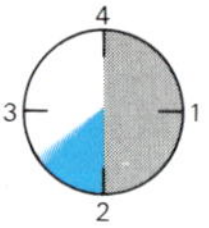


*Sichere und praktische Methoden auf- und abzusitzen*

Es gibt verschiedene Möglichkeiten, ein Pferd zu besteigen. Jeder Reiter sollte mit Bügel aufsitzen können. Vor dem Aufsitzen prüfen, ob der Sattel richtig liegt und der Gurt fest genug angezogen ist, so daß der Sattel nicht rutschen kann. Wenn Ihnen niemand das Pferd festhält, greifen Sie mit einem Arm durch die Zügel, während Sie nachgurten und die Bügel herunterziehen. Lassen Sie das Pferd niemals los. Auch das ruhigste Pferd kann sich erschrecken und weglaufen, was schlimme Folgen haben kann. Beim Aufsitzen muß das Pferd ruhig auf allen vier Beinen stehen, um Ihr Gewicht aufzunehmen. Üben Sie das Aufsitzen von beiden Seiten, um Ihre Beweglichkeit zu erhöhen.

*ZIEL:* Leicht und sicher in den Sattel gelangen mit einem Minimum an Aufwand, bereit zum Anreiten. Schwierigkeitsgrad •••

1. Schritt

## FERTIG ZUM AUFSITZEN

Sie stehen an der linken Schulter des Pferdes, Gesicht zum Schweif, in der rechten Hand die Zügelschnalle, beide Zügel in der linken Hand in Höhe des **Widerrists.**

**BÜGELRIEMEN**
Der Bügel ist passend verschnallt, wenn er und der Bügelriemen bei ausgestrecktem Arm von Ihrer Achsel bis zu den Fingerspitzen reichen.

**ZÜGEL**
Die Zügel sind so kurz, daß Sie Kontakt zum Maul haben. Fassen Sie den rechten Zügel zur Sicherheit etwas kürzer, falls das Pferd sich bewegt.

**IHR STANDORT**
Stellen Sie sich mit der linken Schulter neben die Schulter des Pferdes. So können Sie die Zügel halten und bequem den Bügel erreichen.

2. Schritt

## FUSS IM BÜGEL

Drehen Sie den Bügel mit der rechten Hand auf sich zu. Sie stehen auf dem rechten Fuß und setzen den linken Fuß in den Bügel. Die Zügel halten Kontakt mit dem Pferdemaul.

**ZÜGEL**
Zügelschnalle auf die rechte Halsseite legen. So stört sie nicht.

**BÜGEL**
Drehen Sie das hintere Bügelende auf sich zu. Dann liegt der Bügelriemen flach unter Ihrem Bein, wenn Sie im Sattel sitzen.

**FUSS**
Fuß weit durch den Bügel schieben, Zehenspitzen nach unten drücken.

**RECHTES BEIN**
Das Gewicht bleibt zunächst auf dem rechten Bein.

3. Schritt

## ABFEDERN

Die rechte Hand ergreift den Sattel. Verlegen Sie das Gewicht auf den linken Fuß. Drücken Sie die linke Zehenspitze nach unten, lehnen Sie sich gegen das Pferd. Abfedern und dabei umdrehen, so daß Sie nach vorne schauen.

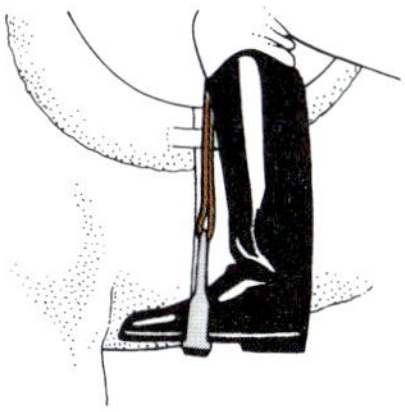

**RICHTIG**
Beim Drehen hängt der Bügelriemen glatt und gerade herunter.

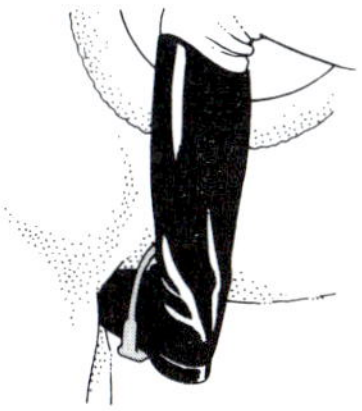

**FALSCH**
Stoßen Sie dem Pferd nicht Ihre Fußspitze in die Seite – dann tritt es nach vorne.

**LINKE HAND**
Leichten Kontakt zum Maul halten. Sie können auch in die Mähne fassen.

**LINKES KNIE**
Linkes Knie an den Sattel pressen. Nicht mit der Stiefelspitze das Pferd berühren. Auf dem rechten Fuß herumhüpfen, so daß Sie mit dem Gesicht zum Pferd stehen.

LEKTION

# 4

4. & 5. Schritt

## RECHTES BEIN HERÜBER UND HINSETZEN

Sie federn mit dem rechten Bein vom Boden ab und schwingen es über den Sattelkranz. Die rechte Hand greift nach vorne. Wenn Sie im Sattel sitzen, nehmen Sie den rechten Fuß in den rechten Bügel.

**RECHTES BEIN**
Nicht den Pferderücken berühren.

**KÖRPER**
Bewegen Sie sich leicht und vorsichtig, damit der Sattel nicht auf die linke Seite gezogen wird.

### EIN TIP
Mit einem Aufsteigblock geht das Aufsitzen leichter und ist bequemer für das Pferd, weil der Sattel nicht so leicht zur Seite gezogen wird.

### HINSETZEN
Rechts: Setzen Sie sich vorsichtig hin, nicht in den Sattel plumpsen lassen. Suchen Sie mit der rechten Fußspitze den rechten Bügel.

## *ABSITZEN*

*Absitzen*

### RICHTIG
Füße aus den Bügeln nehmen, beide Zügel mit der linken Hand fassen. Rechte Hand auf dem Vorderzwiesel aufstützen, nach vorne beugen, das Gewicht dabei auf die Hand legen. Rechtes Bein über den Pferderücken schwingen, mit beiden Beinen sanft neben der Schulter auf den Boden gleiten. Aufpassen: Dabei das Pferd nicht ans Vorderbein treten. Den Stoß mit Zehenspitzen und Knien abfedern.

### FALSCH
Niemals zum Absitzen das Bein vorne über den Widerrist schwingen. Dabei müssen Sie die Zügel loslassen und die Kontrolle über das Pferd aufgeben. Wenn das Pferd jetzt nach vorne tritt, können Sie rückwärts auf den Kopf fallen.

# ANDERE METHODEN AUFZUSITZEN

*Man kann auch mit einem Aufsteigblock aufsitzen oder sich heraufheben lassen. Wenn Sie sehr sportlich sind, versuchen Sie aufzuspringen.*

## AUFSPRINGEN

Nur sehr sportliche Reiter können ohne Bügel aufspringen. Vorteil: Wie beim Aufsteigblock wird der Sattel nicht herumgezogen.

**1. HOCHSPRINGEN**
Die linke Hand faßt den Zügel am Widerrist, die rechte greift auf die andere Seite des Sattels. Jetzt mit gebeugtem Knie Schwung holen und hochspringen.

**2. IN DEN SATTEL**
Mit den Armen den Körper so weit hochstemmen, daß Sie das rechte Bein über den Sattel schwingen können, ohne den Pferderücken zu berühren.

## GESICHT NACH VORNE

Linkes Bügelende auf sich zudrehen. Die Zehenspitze zeigt nach vorne, das rechte Bein federt vom Boden ab. Wenn das Pferd vortritt, können Sie mitgehen.

## HOCHHEBEN LASSEN

Gesicht zum Sattel, Zügel in der linken Hand, rechte Hand am Sattel. Linkes Bein anwinkeln. Ein Helfer hebt den linken Unterschenkel hoch, während Sie abfedern und dabei das rechte Bein über den Pferderücken schwingen.

LEKTION

# 5 IM SATTEL

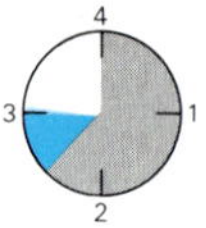


*Erst zurechtsetzen, dann anreiten*

Bevor Sie sich richtig hinsetzen und die Zügel aufnehmen, wird noch einmal nachgesattelt. Die Bügel werden auf eine bequeme Länge verschnallt. Wenn Sie im Sattel sitzen, helfen ein paar einfache Übungen, die Balance zu finden und Ihnen ein Gefühl der Sicherheit zu geben – die ersten Schritte zum **unabhängigen Sitz,** der es Ihnen gestattet, allen Bewegungen des Pferdes zu folgen.

*ZIEL:* Sicherer und bequemer Sitz im Sattel, richtig ausbalanciert über dem Schwerpunkt des Pferdes. *Schwierigkeitsgrad* •••••

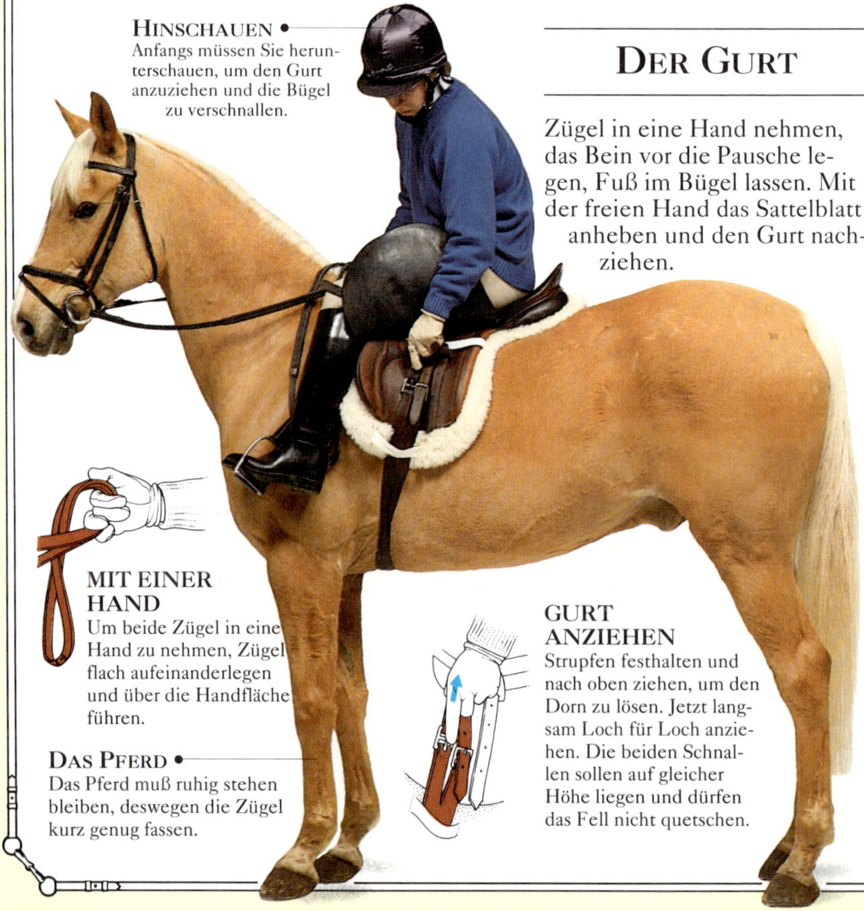

**HINSCHAUEN** • Anfangs müssen Sie herunterschauen, um den Gurt anzuziehen und die Bügel zu verschnallen.

## DER GURT

Zügel in eine Hand nehmen, das Bein vor die Pausche legen, Fuß im Bügel lassen. Mit der freien Hand das Sattelblatt anheben und den Gurt nachziehen.

**MIT EINER HAND**
Um beide Zügel in eine Hand zu nehmen, Zügel flach aufeinanderlegen und über die Handfläche führen.

**GURT ANZIEHEN**
Strupfen festhalten und nach oben ziehen, um den Dorn zu lösen. Jetzt langsam Loch für Loch anziehen. Die beiden Schnallen sollen auf gleicher Höhe liegen und dürfen das Fell nicht quetschen.

**DAS PFERD** • Das Pferd muß ruhig stehen bleiben, deswegen die Zügel kurz genug fassen.

# DIE BÜGEL

Faustregel: Die Bügel sind passend verschnallt, wenn sich bei locker herabhängendem Bein der untere Bügelrand in Höhe der Knöchel befindet. Üben Sie das Verschnallen der Bügel so oft, bis Sie nicht mehr hinschauen müssen.

**ZÜGEL** • Die Zügel in eine Hand nehmen.

• **BEIN** Fuß im Bügel lassen, Bein leicht zurücklegen, um besser an die Bügelschnalle zu kommen.

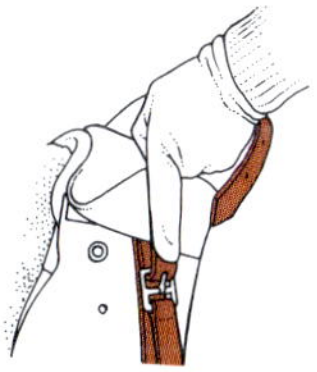

**BÜGEL KÜRZER**
Bügelriemen anziehen, um den Dorn zu lockern. Mit dem Zeigefinger den Dorn ins gewünschte Loch führen. Inneren Teil des Bügelriemens herunterziehen, damit die Schnalle nach oben rutscht.

## *VERSCHIEDENE BÜGELLÄNGEN*

**ALLGEMEIN**
Ein mittellanger Bügel ist zum Lernen am besten, ermöglicht einen ausbalancierten und bequemen Sitz.

**SPRINGEN**
Ein kürzerer Bügel verkleinert den Winkel zwischen Knöchel, Knie und Hüfte, wirkt federnd und stoßmindernd.

**DRESSUR**
Dressurreiter brauchen für die optimale Einwirkung ein „langes Bein“. Voraussetzung: ein tiefer, gefestigter Sitz.

LEKTION

5

# Zügel aufnehmen

*Sobald Sie im Sattel sitzen, müssen Sie die Zügel aufnehmen, um den Kontakt zum Pferdemaul herzustellen. Das Pferd soll sich nicht bewegen, bevor Sie es dazu auffordern.*

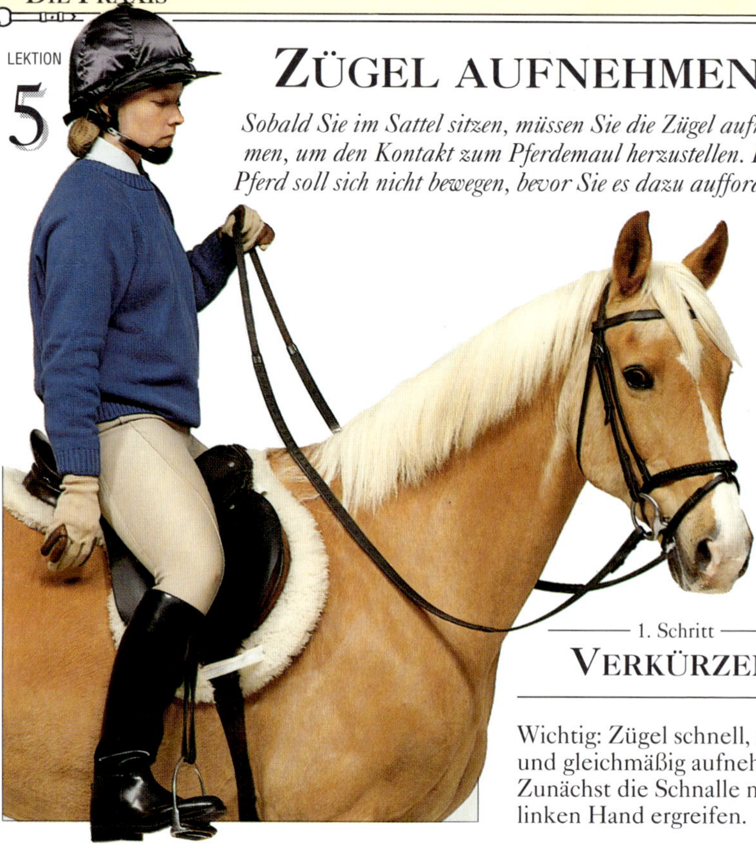

1. Schritt

## Verkürzen

Wichtig: Zügel schnell, ruhig und gleichmäßig aufnehmen. Zunächst die Schnalle mit der linken Hand ergreifen.

**2.** Rechten Zügel in die rechte Hand nehmen und korrekt fassen (s. S. 45).

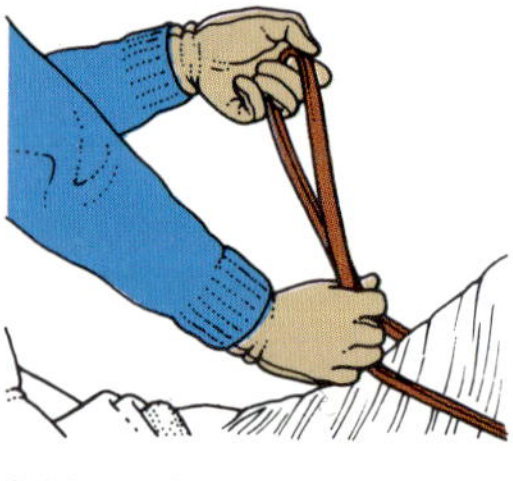

**3.** Linken Zügel mit rechtem Daumen und Zeigefinger ergreifen. Die linke Hand ist jetzt frei.

**4.** Linken Zügel mit der linken Hand korrekt und in passender Länge ergreifen.

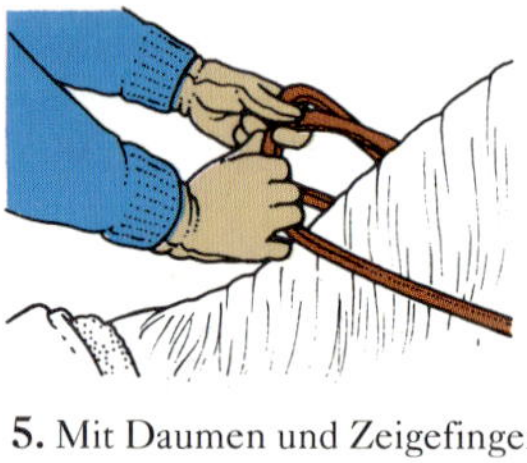

**5.** Mit Daumen und Zeigefinger der linken Hand freies Ende des rechten Zügels ergreifen.

**6.** Rechten Zügel durch die rechte Hand ziehen, bis beide Zügel gleich lang sind.

**7.** Mit beiden Händen gleichmäßigen Kontakt zum Pferdemaul aufnehmen.

# ZÜGELHALTUNG

Bevor Sie die Zügel benutzen, müssen Sie wissen, wie man sie hält. Die Zügel sollen gleich lang sein, nicht verdreht, und gleichmäßigen, leichten **Kontakt** zum Maul halten. Arme entspannen, damit die Hände unabhängig vom Körper einwirken sowie ständig annehmen und nachgeben können. Gute Verständigung zwischen Reiter und Pferd ist eine Sache des Gefühls.

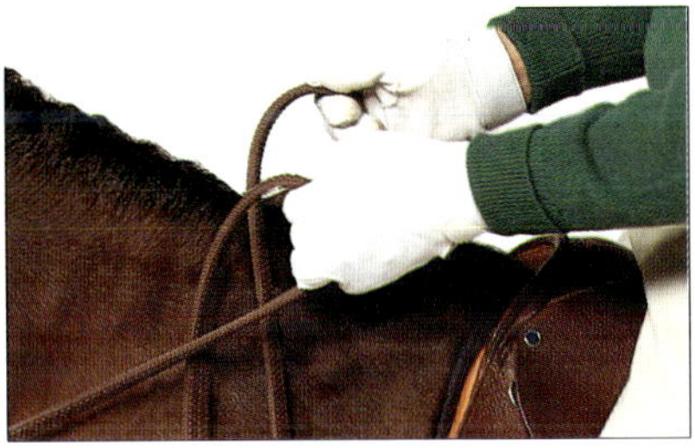

## EINFACHE ZÜGEL

Der Zügel geht vom Gebiß aus zwischen kleinem und Ringfinger zum Handballen und wird von Daumen und Zeigefinger gehalten. Hände im Abstand von 10 cm über dem **Widerrist** tragen.

*Die Daumen liegen dachförmig auf dem Zügel. Zügel festhalten, ohne Finger und Hände zu verkrampfen.*

## DOPPELTE ZÜGEL

Verschiedene Möglichkeiten. Meist wird der Trensenzügel unterhalb des Kandarenzügels geführt, geteilt durch einen Finger. Beide Zügel laufen unter dem Daumen zusammen.

*Das Zügelende hängt zwischen Zügel und Pferdehals. Es darf nicht über die Zügel geführt werden, weil es die Einwirkung behindert.*

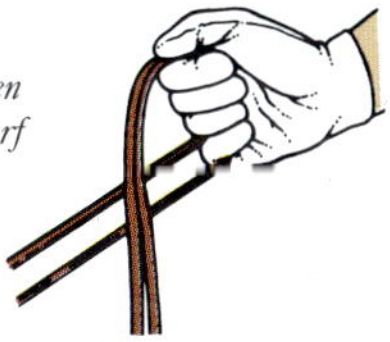

## *FALSCHE HANDHALTUNG*

Nur zu leicht gewöhnt man sich Fehler an – überprüfen Sie Ihre Handhaltung immer wieder, bis Ihnen die korrekte Haltung zur zweiten Natur geworden ist. Vermeiden Sie die hier gezeigten häufigsten Fehler. Bei verdeckten Fäusten sind Handgelenke und Arme verdreht und steif. Das Gegenteil, auswärts gedrehte Fäuste mit starren, hohlen Handgelenken, bewirkt eine harte Hand. Bei offenen Händen rutschen die Zügel durch und werden immer länger. Eingedrehte Handgelenke sind unelastisch. Hände nie über den Mähnenkamm führen.

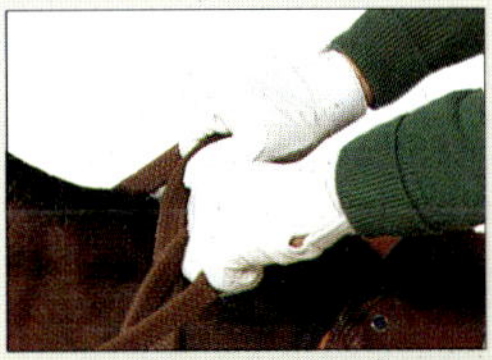

*Verdeckte Hände*

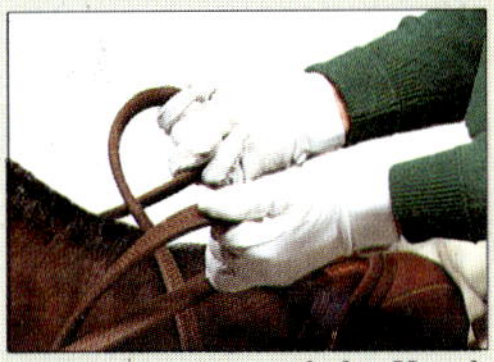

*Auswärts gedrehte Hände*

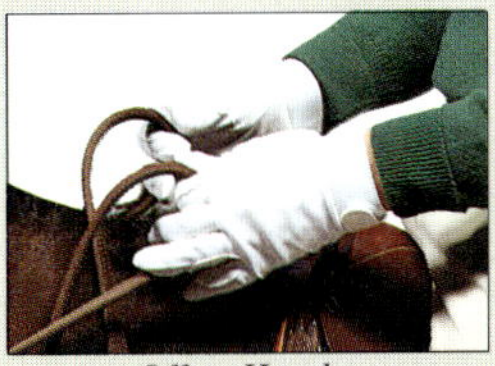

*Offene Hände*

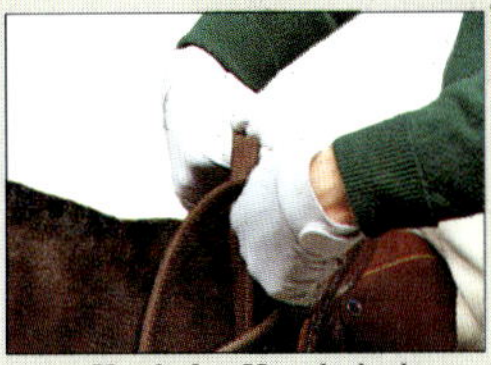

*Verdrehte Handgelenke*

Lektion 5

# Der Sitz des Reiters

*Um dem Pferd wirksame Hilfen geben zu können, muß der Reiter sich einen tiefen, sicheren und ausbalancierten Sitz angewöhnen.*

## Der klassische Sitz

Tief im Sattel sitzen, Oberschenkel und Knie nach unten drücken, dicht ans Pferd. Der Bügel liegt unter dem Fußballen, Absatz tief, Zehenspitzen nach vorne. Arme entspannt herunterhängen lassen, in den Gelenken locker bleiben.

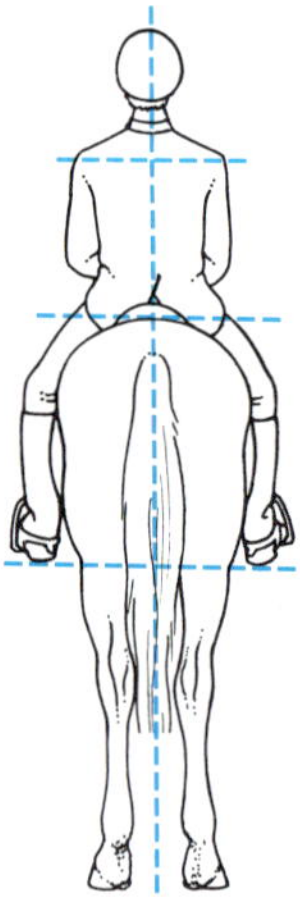

**VON HINTEN**
Links: In der Mitte sitzen, Füße auf gleicher Höhe. Der Kopf des Reiters und der Schweif des Pferdes liegen auf einer senkrecht zum Boden verlaufenden Linie.

**• Kopf**
Kopf hoch und nach vorne schauen, ohne den Hals zu verkrampfen.

**• Arme**
Ellbogen, Zügel und Pferdemaul bilden eine gerade Linie.

**Von den Schultern zu den Absätzen •**
Schultern locker lassen, nicht einseitig hochziehen, keine runden Schultern. Eine senkrechte Linie verläuft von der Schulter über den Ellbogen zum Absatz.

**Vom Knie zur Fuss-Spitze •**
Unterschenkel leicht zurücklegen. Knie und Zehenspitzen liegen etwa auf einer Linie. Der Bügelriemen hängt senkrecht herunter.

# FEHLERHAFTER SITZ

Es ist wichtig, von Anfang an einen richtigen Sitz zu lernen. Aber es ist besser, sich ganz natürlich auf dem Pferd auszubalancieren, als sich krampfhaft in eine Schablone pressen zu lassen. Dann ist keine wirksame Hilfengebung möglich.

**VON HINTEN**
Der Reiter sitzt nach links, also nicht ausbalanciert. Unwillkürlich knickt er in der rechten Hüfte ein und lehnt sich nach rechts.

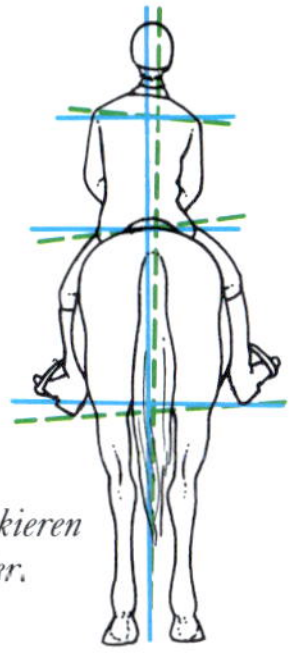

*Die grünen Linien markieren die Sitzfehler.*

**DIE ZÜGEL**
Verkrampfungen in den Armen und Händen übertragen sich durch die Zügel zum Pferdemaul

**OBERKÖRPER**
Der Oberkörper kommt hinter die Senkrechte, der Reiter wirkt steif, der Sitz schablonenhaft.

## *HÄUFIGE SITZFEHLER*

Hier sind einige typische Sitzfehler aufgezeigt, die **Gleichgewicht** und **Hilfengebung** beeinträchtigen. Es sind dies der *Stuhlsitz*, der Reiter sitzt zu weit hinten und streckt die Beine nach vorne; ein übertriebener *Vorwärtssitz*, der Reiter fällt nach vorne, die Beine rutschen nach hinten; *nach außen gedrehte Ellbogen*, verbunden mit steifen Armen; *offenes Knie* mit nach außen gedrehten Fußspitzen; *Hohlkreuz* mit steifem Oberkörper und *hochgezogene Absätze*, ein sehr häufiger Fehler.

*Stuhlsitz*

*hochgezogene Absätze*

*Hohlkreuz*

*Vornüberfallen*

*offenes Knie, nach außen gedrehte Ellbogen*

LEKTION

5

# ÜBUNGEN IM HALTEN

*Gymnastikübungen im Halten verbessern die Balance, geben Sicherheit und ermöglichen einen* ***unabhängigen Sitz.***

**ARM-SCHWINGEN**
Beine ruhig halten, Arme ausstrecken, nach rechts und links schwingen.

## MIT BÜGELN

Bei den Übungen ohne Zügel fühlen Sie sich zunächst sicherer, wenn Sie die Füße in den Bügeln behalten. So wird der korrekte Sitz leichter beibehalten. Die Übungen helfen, Steifheiten abzubauen, lockern Gelenke, Sehnen und Muskeln.

**IM BÜGEL STEHEN**
In den Bügel stellen, Fußballen auf dem Bügel, Gewicht in den Absatz drücken. Arme auf Schulterhöhe heben. Der Bügelriemen muß glatt herunterhängen.

**• ZÜGEL**
Die Zügel sind verknotet. Wenn sich das Pferd bewegt, kann man schnell hineinfassen. Wenn Sie die Balance verlieren, in die Mähne oder einen **Halsriemen** greifen.

**• BEINE**
Die Absätze liegen senkrecht unter der Hüfte. Jetzt Knie durchdrücken und Oberschenkel dehnen.

**• DAS PFERD**
Nur ein ruhiges Pferd ist für diese Übungen geeignet. Ein Helfer sollte bereitstehen, um einzugreifen, wenn nötig.

# OHNE BÜGEL

Wenn Sie sich sicher genug fühlen, die Übungen auch ohne Bügel zu turnen, ist der Effekt noch größer. Der Sitz wird gefestigt, Geschmeidigkeit und Koordination verbessert. Die Übungen können recht anstrengend sein, deswegen langsam steigern.

**BEINE** Langsam die Beine senken.

**ARME UND BEINE ANHEBEN**
Arme ausstrecken, Beine nach außen anheben, Gewicht in den Sattel drücken.

**ZURÜCKLEHNEN**
Zurücklehnen, bis Sie auf der Kruppe liegen. Wieder hinsetzen. Die Beine bleiben am Platz – nicht einfach!

**GENICK BERÜHREN**
Einen Arm nach vorne strecken und das Genick berühren, wieder hinsetzen. Dasselbe mit dem anderen Arm. Die Unterschenkel bleiben liegen.

**BEINE** Unterschenkel liegenlassen.

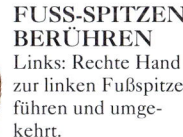

**FUSS-SPITZEN BERÜHREN**
Links: Rechte Hand zur linken Fußspitze führen und umgekehrt.

**ARMDREHEN**
Rechts: Gerade hinsetzen, einen Arm gerade ausstrecken und einen möglichst großen Kreis beschreiben. Dasselbe mit dem anderen Arm.

LEKTION

# 6 DIE ERSTEN SCHRITTE

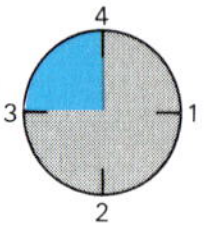


*Anreiten, wenden und halten mit einfachen Hilfen*

Wenn Sie einen korrekten und sicheren Sitz erworben haben, lernen Sie jetzt, mit einfachen **Hilfen** das Pferd zu beherrschen. Die Hilfen werden im Laufe der Ausbildung komplizierter, aber am Anfang müssen Sie nur wissen, wie man anreitet, wendet und hält. Ein gut ausgebildetes Pferd reagiert auf leichte Hilfen, erzieht den Reiter zu gefühlvoller und akurater Einwirkung. Um einen sauberen **Übergang** zu reiten (Wechsel der Gangart), müssen Sie lernen, mit Gewicht, Unterschenkeln und Händen im richtigen Moment an der richtigen Stelle im richtigen Maße einzuwirken.

*ZIEL:* Richtige **Hilfengebung** unter Beibehaltung des korrekten Sitzes beim Übergang vom Halten zum Schritt, vom Schritt zum Halten und bei Wendungen im Schritt. *Schwierigkeitsgrad:* ••••

## DIE HILFEN

„Hilfen" dienen der Verständigung zwischen Reiter und Pferd. Natürliche Hilfen werden mit Unterschenkeln, Händen, Gewicht und Stimme gegeben. Künstliche Hilfsmittel sind z. B. Sporen und Gerte. Nur aus einem richtigen Sitz – weder verkrampft noch schlaff – kommen richtige Hilfen. Zunächst jede Hilfe fein anwenden, erst dann, falls nötig, energischer. Immer zu feineren Hilfen zurückkehren, um das Pferd nicht abzustumpfen.

### BEINE
Die Unterschenkel treiben das Pferd vorwärts, halten es gerade oder führen es in eine Wendung. Liegt der Unterschenkel knapp hinter dem Gurt, treibt er vorwärts. Weiter hinten zeigt er eine Wendung zur anderen Seite an. Wenn keine Hilfe gegeben wird, Unterschenkel ruhig halten.

### HÄNDE (ZÜGEL)
Die Hände helfen, das Pferd zu beherrschen und zu lenken. Nach dem Annehmen das Nachgeben nicht vergessen. Eine „gute Hand" ist leicht und gefühlvoll, hält gleichmäßige **Anlehnung** und folgt den Bewegungen des Pferdemauls. Niemals das Pferd durch grobe Zügeleinwirkung strafen.

### SITZ (GEWICHT)
Je gefestigter der Sitz ist, um so größere Bedeutung bekommen die Gewichtshilfen. Mit leichter Gewichtsverlagerung veranlassen Sie eine Richtungsänderung. Gewichts- und Schenkelhilfen zusammen fordern zu energischer Bewegung auf, bereiten **Übergänge** vor und machen auf folgende Übungen aufmerksam.

### STIMME
Die Stimme, sparsam eingesetzt, beruhigt, lobt oder tadelt.

# VOM HALTEN ZUM SCHRITT

*Vor dem Anreiten das Pferd aufmerksam machen, korrekt hinsetzen. Jetzt können Sie die Hilfen mit geringem Aufwand und ohne heftige Bewegungen geben.*

**HALTEN**
Das Pferd soll gleichmäßig auf allen vier Beinen stehen, so daß es mit den Hinterbeinen vortreten kann.

**ÜBERGANG**
Kreuz anspannen, leicht die Unterschenkel andrücken, leichte gleichmäßige Anlehnung behalten.

**SCHRITT**
Fühlen Sie den Vier-Takt-Rhythmus des Schritts (s. S. 12/13). Die Hände folgen den Bewegungen des Pferdemauls.

## ÜBERGANG

Der Schritt soll gleichmäßig und ruhig, dabei fleißig und energisch sein. Das Pferd soll geradeaus gehen. Fühlen Sie heraus, wieviel Schenkeldruck Sie dafür benötigen.

**• GESÄSS**
Tief im Sattel sitzen, Kreuz anspannen, um das Pferd zu energischem Vorwärtsgehen zu veranlassen. In der Bewegung Rücken- und Gesäßmuskeln wieder entspannen.

**• HÄNDE**
Gefühlvollen Kontakt zum Maul halten. Die Richtung angeben und Tempo regulieren.

**BEINE •**
Unterschenkel dicht hinter dem Gurt andrücken. Ein feinfühliges Pferd braucht nur leichten Schenkeldruck, andere verlangen deutlichere Hilfen.

LEKTION

6

# WENDUNGEN

*In der Wendung übernehmen Unterschenkel, Gewicht und Hände jeweils bestimmte Aufgaben. Das Pferd soll in Richtung der Wendung* **gebogen** *sein.*

### WENDUNG AUF EINEM KREIS (ZIRKEL)

Auf dem Zirkel müssen die Hinterbeine des Pferdes den Spuren der Vorderbeine folgen. Der Pferdekörper ist im Maß der Kreislinie gebogen. Die Schenkel führen die Hinterhand, die Zügel die **Vorhand** des Pferdes.

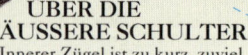

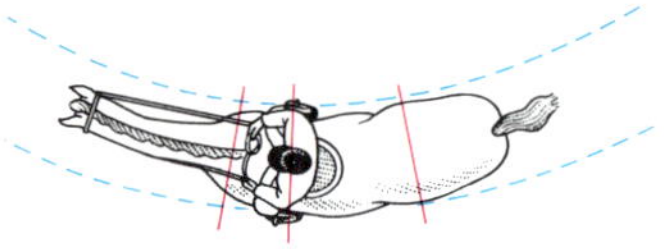

## *UNKORREKTE WENDUNGEN*

Das müssen Sie in der Wendung vermeiden:

- Nicht so tief in die Ecke reiten, daß die Hinter- den Vorderbeinen nicht folgen können.
- Nicht über die Schulter fallen lassen, so daß das Pferd zur falschen Seite gebogen ist. Mit dem inneren Schenkel, nicht mit den Zügeln korrigieren.
- Nicht den Kopf herumziehen, so daß der Hals zuviel gebogen wird und die Kontrolle über Hinterbeine und Schultern verloren geht.

### ÜBER DIE ÄUSSERE SCHULTER

Innerer Zügel ist zu kurz, zuviel **Biegung.** Äußere Schulter fällt aus.

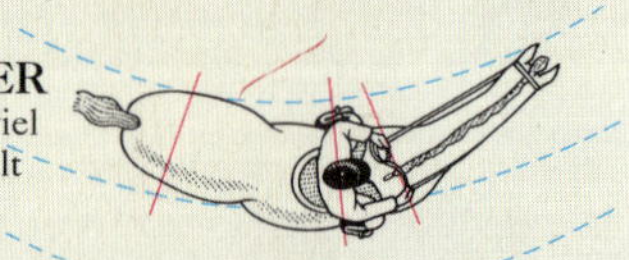

### ÜBER DIE INNERE SCHULTER

Pferd dreht den Kopf nach außen, drückt die innere Schulter herein.

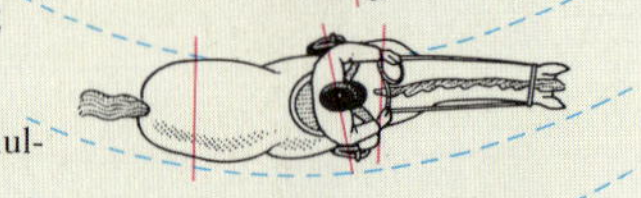

### HAND NACH AUSSEN

Nicht den Kopf mit den Zügeln herumziehen: Pferd kommt aus dem Gleichgewicht.

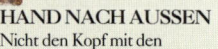

### HINTERHAND NACH AUSSEN

Pferd biegt sich nicht richtig. Inneres Hinterbein weicht aus.

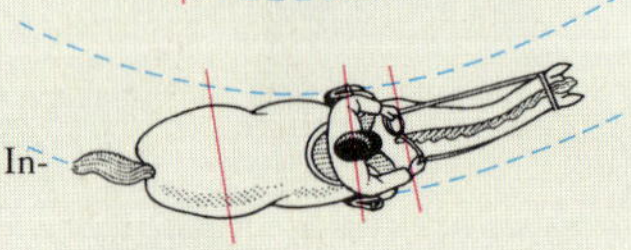

# HILFEN ZUM WENDEN

Beim Wenden ist der Einfluß von Gewicht und Schenkel größer als der des Zügels, der so wenig wie möglich einwirken sollte. Versuchen Sie, den Rhythmus in der Wendung zu erhalten. Dosieren Sie die **Hilfen** so, daß **Fleiß** und **Biegung** erhalten bleiben.

**KOPF**
Folgen Sie mit dem Kopf der Bewegung. Schauen Sie direkt durch die Pferdeohren.

**KÖRPER**
In der Mitte des Sattels sitzen. Nicht nach außen rutschen, nicht nach innen lehnen.

*Innerer Schenkel*

**INNERE HAND**
Die innere Hand führt das Pferd in die Biegung. Der Kontakt bleibt leicht, sonst wird die innere Schulter blockiert.

**INNERER SCHENKEL**
Der innere Schenkel bleibt am Gurt, er hält den **Fleiß** und kontrolliert das Maß der **Biegung.**

**SCHULTERN**
Ihre Schultern bleiben parallel zu denen des Pferdes.

**ÄUSSERE HAND**
Mit dem äußeren Zügel sicheren **Kontakt** behalten, um Tempo und **Biegung** zu bestimmen und die äußere Schulter auf der Linie zu halten.

**HÜFTEN**
Die Hüften folgen der Wendung und bleiben parallel zu den Hüften des Pferdes.

**ÄUSSERER SCHENKEL**
Der äußere Schenkel kontrolliert die Hinterhand. Er liegt eine Handbreit hinter dem Gurt, um zu verhindern, daß die Hinterhand nach außen schwingt.

*Äußerer Schenkel*

LEKTION

# 6 VOM SCHRITT ZUM HALTEN

*Um gleichmäßig auf allen vier Beinen zu halten, muß das Pferd vorbereitet und dann mit Gewicht-, Schenkel- und Zügelhilfen zum Stehen gebracht werden (s.* ***Hilfen*** *S. 50).*

**SCHRITT**
Tief hinsetzen, mit den Schenkeln die Hinterbeine herantreiben, Pferd mit leichten Zügelhilfen aufmerksam machen.

**ÜBERGANG**
Kreuz anziehen, Gesäßmuskeln anspannen, Unterschenkel andrücken, Zügel vermehrt annehmen.

**HALTEN**
Leicht vortreibende **Hilfen** fortsetzen. Wenn das Pferd korrekt steht, vorne nachgeben, aber Kontakt behalten.

## ÜBERGANG

Um einen weichen **Übergang** zum **Halten** ohne Widerstand des Pferdes zu reiten, muß es vorbereitet werden, so daß die Hinterbeine untertreten und das Gewicht gleichmäßig auf Vor- und Hinterhand verteilt wird.

**• SITZ**
Zur Vorbereitung Kreuz anziehen, tief in den Sattel setzen, Gesäß und Oberschenkelmuskeln anspannen.

**BEINE •**
Unterschenkel liegt direkt hinter dem Gurt, um die Hinterhand zu kontrollieren.

**• HÄNDE**
Verbindung zum Maul halten, mehrmals Zügel annehmen und nachgeben. **Anlehnung** falls nötig verstärken, aber nie am Zügel ziehen. Mit beiden Zügeln gleichzeitig einwirken.

## RÜCKWÄRTSRICHTEN

Beim Rückwärtsrichten tritt das Pferd jeweils mit den diagonalen Beinpaaren zurück. Es wird in der Regel aus dem korrekten **Halten** ausgeführt als Prüfstein für Gehorsam, Losgelassenheit und Geraderichtung und die richtige Anwendung der **Hilfen.** Die Tritte müssen regelmäßig, gerade und genügend raumgreifend sein. Das Pferd darf sich nicht wehren, indem es den Kopf hochreißt, den Rücken durchdrückt, nur unwillig zurücktritt, nach einer Seite ausweicht oder eilig zurückkriecht. Es soll auf gerader Linie bleiben.

*Vorwärts reiten*

*Rückwärtstreten*

*Korrektes Halten (auf allen vier Beinen)*

**HALTUNG**
Reiter und Pferd in korrekter Haltung zum Anreiten oder Rückwärtsrichten.

**KONTAKT**
Sicheren **Kontakt** mit Unterschenkel und Zügel halten.

### KORREKTES HALTEN
Das Pferd steht gut, wenn es alle vier Beine gleichmäßig belastet. Es steht gerade, bewegt sich nicht, achtet aber auf Ihre **Hilfen.** Es ist bereit, in jeder gewünschten Gangart nach vorne zu gehen oder rückwärtszurichten.

**DAS PFERD**
Schenkel und Zügel halten das Pferd beim Rückwärtsrichten gerade.

### ZURÜCKTRETEN
Wenn das Pferd korrekt steht, tief in den Sattel setzen, Unterschenkel anlegen, als ob Sie vorwärts reiten wollten. Wenn das Pferd vortreten will, Hände schließen. Wenn es den leichten Gegendruck spürt, wird es zurücktreten. Gerade sitzen bleiben, um das Rückwärtstreten zu erleichtern und Widerstand zu vermeiden. Nach wenigen Schritten wieder vorwärts reiten.

**BEINE**
Das linke Hinterbein und das rechte Vorderbein treten gleichzeitig zurück.

LEKTION 7

# TRABEN

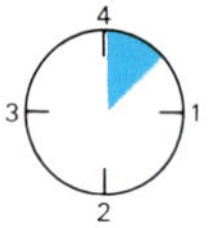


*Der Reiter lernt Aussitzen und Leichttraben*

Wenn Sie sich im Schritt sicher fühlen, können Sie zum Trab übergehen. Zunächst werden Sie vielleicht hin und hergestoßen und haben Mühe, Balance zu halten, vor allem, wenn Sie sich verspannen und krampfhaft am Sattel festklammern. Je lockerer Sie sind, um so müheloser können Sie mitschwingen. Fassen Sie am Anfang in einen **Halsriemen,** in die Mähne oder in den Vorderzwiesel. Niemals am Zügel festhalten! Zunächst versuchen, im Trab sitzenzubleiben. In der Hüfte mitschwingen. Mit der Zeit lernen Sie, geschmeidig die Bewegung auszusitzen. Leichttraben, wenn man es einmal beherrscht, ist weniger anstrengend für Reiter und Pferd.

*Ziel:* Aussitzen und Leichttraben, ohne Sitz und **Gleichgewicht** zu verlieren. Beherrschung des Pferdes im Trab und in den **Übergängen.** *Schwierigkeitsgrad:* •••••

## *ÜBUNGEN IM TRABE*

**DAS RICHTIGE GEFÜHL**
Im Halten das Aufstehen und Hinsetzen (Leichttraben) üben. Beine ruhig halten, die Bewegung mit Hüften, Knien und Fußgelenken abfedern.

**AM FÜHRZÜGEL**
Ein Helfer führt das Pferd und hält es in Bewegung. Sie konzentrieren sich auf Balance und Sitz in der ungewohnten Trabbewegung.

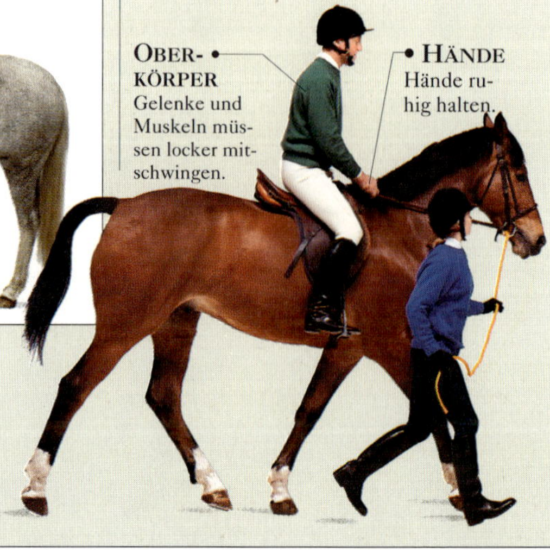

**OBERKÖRPER**
Gelenke und Muskeln müssen locker mitschwingen.

**HÄNDE**
Hände ruhig halten.

# VOM SCHRITT ZUM TRAB

*Zum Antraben werden dieselben **Hilfen** gegeben wie vom Halten zum Schritt, nur etwas energischer. Sitzenbleiben, bis Sie den gleichmäßigen Trabrhythmus fühlen.*

**SCHRITT**
Achten Sie auf einen fleißigen Schritt und halten Sie leichten **Kontakt** zum Maul.

**ÜBERGANG**
Mit verstärkten Gewichts- und Schenkelhilfen das Pferd aufmerksam machen.

**SITZEN**
Die ersten Tritte sitzenbleiben. So können Sie besser einwirken und die Balance halten.

**AUFSTEHEN**
Mit Leichttraben beginnen, wenn Sie den Rhythmus gefunden haben. Der Bewegung folgen, leicht nach vorne lehnen.

## ÜBERGANG

Vorbereitung des Übergangs vom fleißigen Schritt zum Trab: Kreuz und Gesäßmuskeln anspannen, sichere **Anlehnung** herstellen. Unterschenkel andrücken (wenn das Pferd nicht reagiert, leicht klopfen), im Moment des Antrabens mit der Hand vorgehen.

• **KOPF**
Kopf hoch, nicht den Hals verkrampfen, weil sich sonst auch das Rückgrat verkrampft.

• **OBERKÖRPER**
Schultern zurücknehmen, aufrecht über dem Schwerpunkt des Pferdes sitzen. So tief wie möglich im Sattel sitzen. Hände ruhig halten.

• **BEINE**
Unterschenkel andrücken, dann wieder loslassen. Sobald das Pferd reagiert, Schenkel fest und ruhig liegenlassen.

LEKTION

# 7

## LEICHTTRABEN

Beim Leichttraben steht der Reiter jeden zweiten Trabtritt auf. Knie-, Hüft- und Fußgelenke federn elastisch mit. Die Unterschenkel ruhig halten. Die Schultern dürfen nicht vor die Linie Zehen – Knie fallen. Hier trabt der Reiter auf dem rechten Hinterfuß. Um den Fuß zu wechseln, einen Tritt zusätzlich aussitzen.

OBERKÖRPER
Aufstehen, wenn das rechte Vorderbein aufsetzt.

OBERKÖRPER
Hinsetzen, wenn das linke Vorderbein aufsetzt.


### AUFSTEHEN

Wenn ein diagonales Beinpaar abfußt, hochwerfen lassen. Leicht nach vorne lehnen, um beim Hinsetzen nicht hinter der Bewegung zu bleiben. Wie hoch Sie aufstehen, hängt von der Trabaktion des Pferdes ab.

### HINSETZEN

Wenn dasselbe Beinpaar den Boden wieder berührt, wieder hinsetzen (nicht plumpsen!). Zählen Sie laut „Auf-ab-auf-ab", bis Sie den Takt im Leichttraben gefunden haben.

## *AUSSITZEN*

SITZ •
Nicht im Sattel hin- und herplumpsen, im Rhythmus mitschwingen.


Aussitzen ist für Sie und das Pferd erst bequem, wenn Sie die stoßende Trabbewegung abfedern können, ohne sich festzuhalten oder zu verkrampfen. Anfangs empfiehlt sich ein ruhiges Pferd mit weichen Bewegungen, am besten an der Longe (s. Lektion 8 Seite 60). Jeder Körperteil muß entspannt sein und wie ein Stoßdämpfer wirken, damit der Reiter tief im Sattel sitzt und mit deutlichen **Hilfen** Gangart, Tempo, Balance und Richtung bestimmen kann. Anders als beim Leichttraben bleibt der Oberkörper beim Aussitzen senkrecht, wie im Schritt. Gymnastikübungen lockern. Wenn Sie sich bequem und sicher fühlen, können Sie Ihren Sitz durch Aussitzen ohne Bügel verbessern.

# VOM TRAB ZUM SCHRITT

*Für einen weichen **Übergang** vom Leichttraben zum Schritt gehen Sie zunächst zum Aussitzen über.*

**TRAB**
Lebhaften Trab beibehalten. Pferd durch Anspannen von Kreuz und Gesäßmuskulatur aufmerksam machen.

**ÜBERGANG**
Für den **Übergang** aussitzen, Pferd mit Gewicht und Schenkeln in die aushaltende Hand treiben, so daß es langsamer wird.

**SCHRITT**
Sobald das Pferd Schritt geht, mit den Händen vorgehen, damit das Pferd fleißig ausschreiten kann.

## ÜBERGANG

Um einen weichen **Übergang** ohne Widerstand im Maul oder Genick zu reiten, bleiben Sie tief im Sattel sitzen und geben deutliche **Hilfen.** Niemals die Hände allein benutzen, sondern immer zusammen mit Gewicht und Schenkeln, damit das Pferd schwungvoll und im Gleichgewicht bleibt.

**• KOPF**
Kopf hoch, nach vorne schauen, Hals und Nacken nicht verkrampfen.

**• OBERKÖRPER UND GESÄSS**
Pferd mit Kreuz und Gesäßmuskeln an den gleichmäßig anstehenden Zügel treiben, mehr oder weniger stark, je nachdem, wie das Pferd reagiert.

**• HÄNDE**
Hände einen Moment schließen, um die Vorwärtsbewegung zu begrenzen. Sofort wieder nachgeben. Wenn nötig, dasselbe energischer wiederholen. Niemals zurückziehen.

**BEINE •**
Oberschenkel in den Sattel ziehen. Mit dem Unterschenkel das Pferd an die Hand herantreiben. Nur so gelingt ein ausbalancierter **Übergang.**

LEKTION

# 8 UNTERRICHT AN DER LONGE

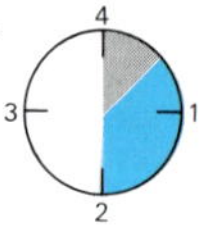


*Verbesserung von Gleichgewicht, Sicherheit und Koordination im Sattel*

Das Reiten an der Longe hilft, einen **unabhängigen** Sitz zu erwerben. Er ist die Voraussetzung für schnelle Fortschritte. Wichtig für den Longenunterricht ist ein ruhiges, gehorsames Pferd mit weichen Bewegungen, damit sich der Ausbilder ganz auf den Schüler konzentrieren kann. Durch Gymnastikübungen im Schritt lernen Sie, jeden Körperteil gezielt zu benutzen. Sitz und **Gleichgewicht** werden verbessert. So erlangen Sie das nötige Vertrauen, um an der Longe ohne Zügel zu traben – wenn Sicherheit und **Gleichgewicht** eine noch größere Rolle spielen.

*ZIEL:* Erlangung eines sicheren, ausbalancierten Sitzes, der wirksame **Hilfen** ermöglicht. *Schwierigkeitsgrad:* •••••

## AUSRÜSTUNG

Für die Longenarbeit benötigt man eine Longe, einen Kappzaum, Ausbindezügel, Gamaschen oder Bandagen als Beinschutz und eine Longierpeitsche.

**DER AUSBILDER**
Der Ausbilder trägt zum Schutz Handschuhe. Er hält das Pferd, das sich im Kreis um ihn herum bewegt, mit Longe und Peitsche unter Kontrolle.

**LONGE**
Die Longe ist etwa 10 m lang.

**AUSBINDEZÜGEL**
Die Ausbindezügel werden in die Gurtstrupfen geschnallt. Sie helfen, das Pferd zu kontrollieren und im Gleichgewicht zu halten.

**KAPPZAUM**
Der Kappzaum kann alleine, oder wie hier in Verbindung mit einem Trensenzaum, benutzt werden. Er muß so angepaßt sein, daß er nicht rutscht oder scheuert, wenn die Longe straff ansteht.

# SCHRITTREITEN AN DER LONGE

*Durch Gymnastikübungen im Schritt lernen Sie, die einzelnen Körperteile gezielt zu benutzen und somit Selbstvertrauen zu gewinnen.*

## SICHERER SITZ

Je tiefer Sie im Sattel sitzen, um so sicherer sitzen Sie. Behalten Sie den Fuß im Bügel, bis Sie sich ganz sicher fühlen und senkrecht über dem Schwerpunkt des Pferdes sitzen bleiben.

### SITZÜBUNGEN

Bügel ausschnallen oder kreuzweise über den Sattel legen (überschlagen). Beine ausstrecken, seitlich anheben. Entspannen, Bein „lang machen", gerade sitzen.

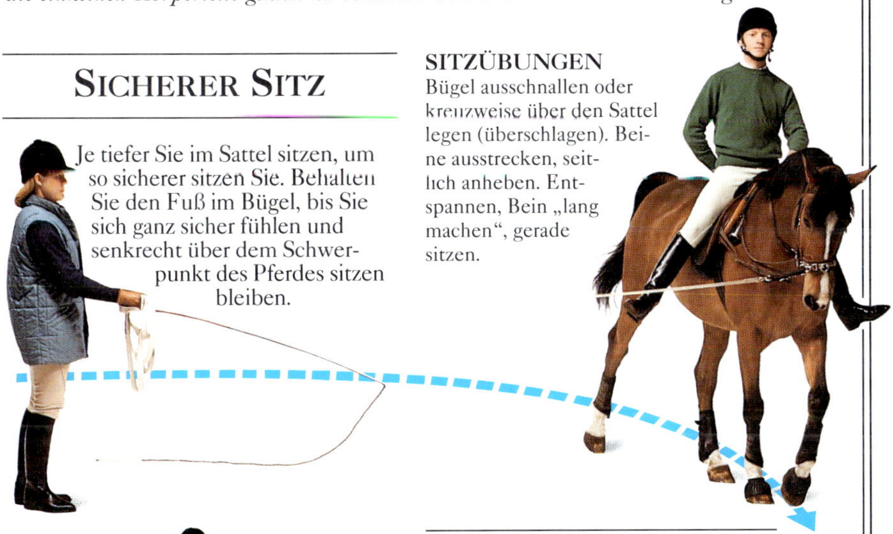

## BESSERE BALANCE

Gutes **Gleichgewicht** ist die Basis für gutes Reiten. Übungen an der Longe helfen Ihnen, die Balance zu halten, ohne mit Beinen oder Knien zu klammern. Zwischen den Übungen wieder aufrecht hinsetzen mit geradem Rücken. Dabei Schultern zurück!

*Hüftdrehen*

*Kopfdrehen*

*Armkreisen*

### GLEICHGEWICHTS-ÜBUNGEN

Zur Aktivierung der Muskeln und Lockerung des Körpers Hände auf die Hüften legen, den Oberkörper in der Taille drehen. Kopf drehen, erst zur einen Seite, dann zur anderen – das entspannt Hals und Schultern. Arme ausstrecken und drehen, nacheinander oder beide zugleich. Dadurch wird die Koordination verbessert.

LEKTION

8

# TRABEN AN DER LONGE

*An der Longe behält der Ausbilder das Pferd unter Kontrolle, bestimmt Rhythmus und Gangart. Sie können sich auf Sitz und Gleichgewicht, unabhängig vom Zügel, konzentrieren.*

## AUSSITZEN

Beim Aussitzen soll das Pferd ruhig traben. Häufig Pausen einlegen, weil Sie anfangs schnell ermüden werden. Allmählich lernen Sie, sich loszulassen und mitzuschwingen, anstatt hin und hergeworfen zu werden.

**SITZ**
Anfangs in den Vorderzwiesel fassen, dann versuchen, die Hände still über dem Widerrist zu tragen. Sitzen Sie wie im Schritt aufrecht, aber nicht steif, mit ruhigem Unterschenkel.

**• HALSRIEMEN**
Wenn Sie das Gleichgewicht verlieren oder sich unsicher fühlen, in den Halsriemen fassen.

## ÜBUNGEN IM TRAB

Wenn Sie im Trab das Gleichgewicht halten können, helfen diese Übungen, den Sitz zu verbessern. Sie lockern und erhöhen das Vertrauen.

**LOCKERN**
Rechts: Verspannte Schultern schränken die Funktion der Arme und damit der Ellbogen, Handgelenke und Finger ein. Schultern kreisen lassen, anheben, wieder fallen lassen – das lockert die Schulterblätter. Übungen einzeln turnen, danach mit zurückgedrückten Schultern wiederholen.

**• GERADER RÜCKEN**
Arme hinter dem Rücken verschränken. Das streckt die Wirbelsäule. Schultern nach hinten drücken.

## *TIPS FÜR DIE LONGENSTUNDE*

Traben an der Longe ist die beste Methode, einen sicheren, tiefen und ausbalancierten Sitz zu erlernen. Falsch angefangen, kann das Reiten an der Longe zur Qual werden und Ängste aufbauen. Bedingungen für das sichere und bequeme Reiten an der Longe sind ein guter Ausbilder und ein verläßliches Pferd.

### DER AUSBILDER

Da Sie die Zügel nicht halten, kontrolliert der Ausbilder das Pferd mit der Longe. Sie müssen darauf vertrauen können, daß er weiß, was er tut. Ein guter Ausbilder hält das Pferd in gleichmäßigem Takt. Nach einigen Lockerungsübungen wird er gezielt auf Ihre Schwächen eingehen und Losgelassenheit und Koordination verbessern.

### DAS PFERD

Das ideale Longenpferd ist nicht mehr ganz jung, freundlich, gehorsam, regt sich nicht auf, wenn der Reiter sich verkrampft oder vorübergehend das **Gleichgewicht** verliert. Es hat einen weichen, gleichmäßigen Trab.

### TRABEN OHNE BÜGEL

Mit dem Traben ohne Bügel soll erst begonnen werden, wenn Sie sich mit Bügeln ganz sicher fühlen und die Balance halten können. Sie müssen darauf vertrauen können, daß der Ausbilder das Pferd unter Kontrolle hat. Ein **Halsriemen** ist ein nützlicher „Rettungsring“. Konzentrieren Sie sich darauf, die Beine „lang zu machen“. Oberkörper entspannen, im Trabrhythmus mitschwingen.

### BALANCE VERBESSERN

Unten links: Solche Übungen verbessern Ihr **Gleichgewicht.** Der Rücken wird gestreckt. Der Unterschenkel bleibt korrekt liegen. Dann ist es leichter, aufrecht sitzen zu bleiben.

### LOCKERUNG

Unten rechts: Verspannungen und Steifheiten können mit einfachen Übungen behoben werden. Legen Sie das Gewicht auf die Füße – so entwickeln Sie einen sicheren Sitz, ohne die Zügel zu benutzen.

• ARME HOCH
Arme über den Kopf heben. Von der Taille aufwärts strecken.

• HÄNDE AUF DEN HÜFTEN
Hände auf die Hüften legen, Schultern und Ellbogen entspannen.

LEKTION

# 9 Reiten in der Gruppe

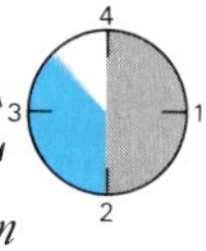

*Sie lernen, Ihr Pferd auch beim Gruppenunterricht zu beherrschen*

Beim Reiten in der Gruppe erfahren Sie, wie Ihr Pferd in Gesellschaft anderer reagiert. Im Idealfall findet der Gruppenunterricht in einer geschlossenen Reitbahn statt. Die Stunde beginnt mit der Inspektion von Reiter und Sattelzeug, einigen Ratschlägen und der Überprüfung des allgemeinen Standards. Es können jetzt Übungen im Schritt und Trab folgen und Reiten ohne Bügel. Sie lernen **Übergänge,** Wendungen und Hufschlagfiguren (s. S. 66/67) zu reiten, in der Abteilung und einzeln. Pausen werden genutzt, um die anderen zu beobachten und Probleme zu diskutieren.

*ZIEL:* Die Hilfengebung soll verbessert, das Reaktionsvermögen geschärft werden. Sie sollen Rhythmus- und Tempogefühl entwicklen.

## Wechsel der Gangart

Der Ausbilder kündigt immer den Wechsel der Gangart an, damit Sie Ihr Pferd vorbereiten können.

• **Tetenreiter**
Der Anfangsreiter (Tetenreiter) hält ein gleichmäßiges Tempo ein, weder zu schnell noch zu langsam. So können die anderen problemlos folgen.

**WEITERREITEN**
Es ist zwar bequem, das Pferd einfach hinter dem Vorderpferd herlaufen zu lassen, aber dabei lernen Sie nichts. **Hilfen** so anwenden, als ob Sie alleine reiten, so daß das Pferd in die Ecke geht, auf Verlangen wendet und das Tempo ändert.

## VORBEIREITEN

Wenn sich zwei Reiter begegnen, muß zwischen ihren Pferden mindestens 1,50 m Abstand sein, beim Überholen noch mehr. Kommen Sie zu nahe, kann Ihr Pferd **scheuen,** wegstürmen, versuchen zu schlagen oder stehenzubleiben. Dann muß es energisch angefaßt werden.

**VORAUSDENKEN** Aufpassen, vorausplanen, die Reaktion der anderen vorhersehen!

**GERADEAUS REITEN** Pferd aufmerksam halten, zwischen Hand und Schenkel halten, wenn Sie vorbeireiten.

### ZU DICHT AUFREITEN

Wenn Tempo und Rhythmus Ihres Pferdes durch die anderen gestört werden, bitten Sie, ob Sie einen Zirkel reiten oder die Tete übernehmen dürfen. Mindestens eine Pferdelänge Abstand halten, so daß Sie notfalls ausweichen können.

**MITREITEN** Nicht zurückbleiben. Das stört den Unterricht. Wenn nötig, energisch zufassen. Manche Pferde sind faul und müssen entschlossen vorwärtsgeritten werden.

**DER AUSBILDER** Der Ausbilder steht so, daß er die ganze Abteilung im Auge hat. Er gibt klare Anweisungen – wer was zu tun hat, wo und wann.

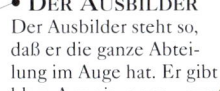

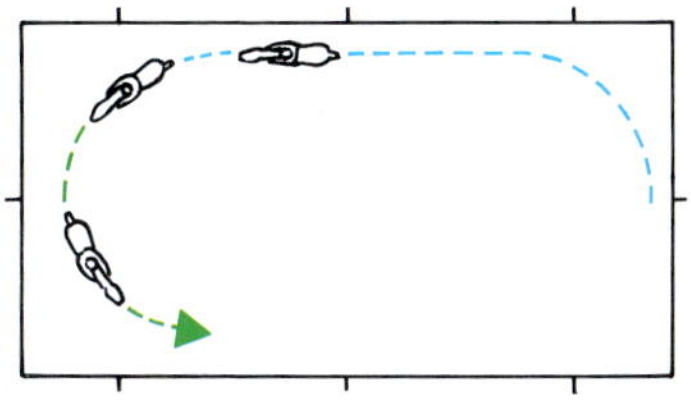

### TETENWECHSEL

Die Abteilung reitet Schritt. Der Tetenreiter trabt an und schließt sich hinten wieder an. Er sitzt erst aus, geht dann zum Leichttraben über, sitzt wieder aus, bevor er zum Schritt durchpariert. Der jeweils neue Tetenreiter folgt seinem Beispiel.

LEKTION

9

# ÄNDERUNG DER RICHTUNG

Wenn Sie die Richtung ändern oder die **Hand wechseln** wollen, geben Sie deutliche **Hilfen,** denen das Pferd sofort folgen sollte. Zunächst im Schritt üben, von der rechten Hand (Uhrzeigersinn) auf die linke (Gegenuhrzeigersinn) zu wechseln. Auf saubere Umstellung der Biegung achten. Im Trabe aufpassen, daß **Balance** und Rhythmus nicht verloren gehen.

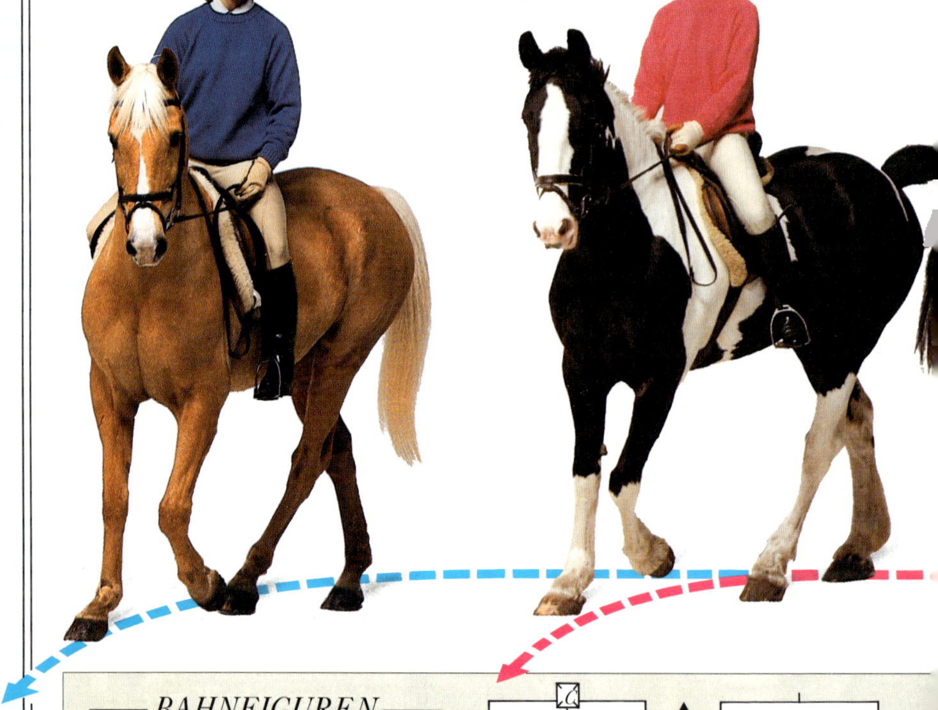

## *BAHNFIGUREN*

Eine Reitbahn mit den Standardmaßen 20 x 40 m ist ideal für den Unterricht. Folgende Hufschlag-(Bahn-) figuren sind hier abgebildet: 1. Zirkel (20 m Durchmesser), Volte (hier 10 m), 2. Handwechsel auf der Diagonalen, 3. Handwechsel durch die Länge der Bahn (von A nach C) oder quer durch die Bahn (von E nach B). Achtung: Hierbei müssen die engen Wendungen gut vorbereitet werden. 4. Schlangenlinien durch die ganze Bahn. 5. Schlangenlinien an der langen Seite.

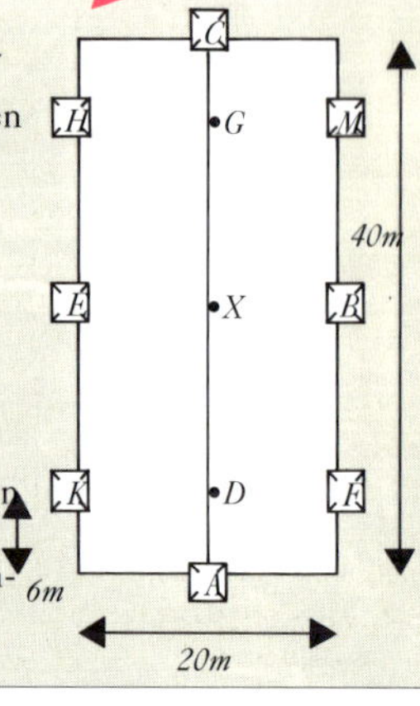


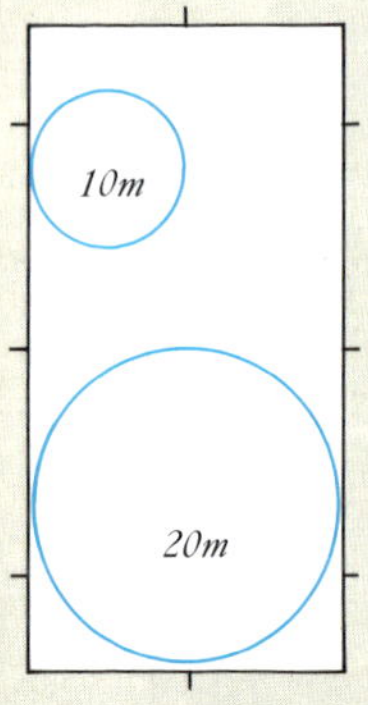


*1. Volte und Zirkel*

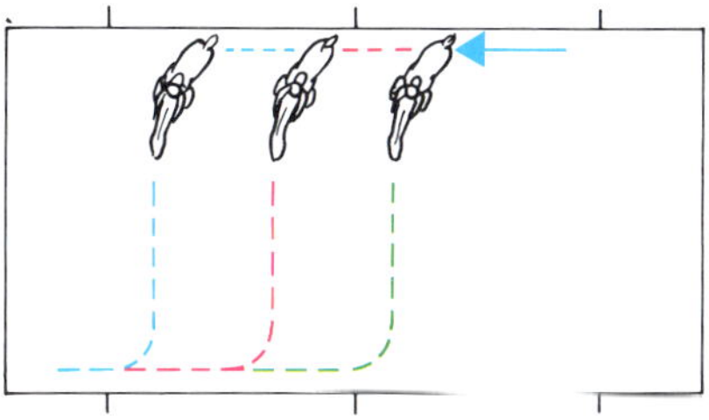

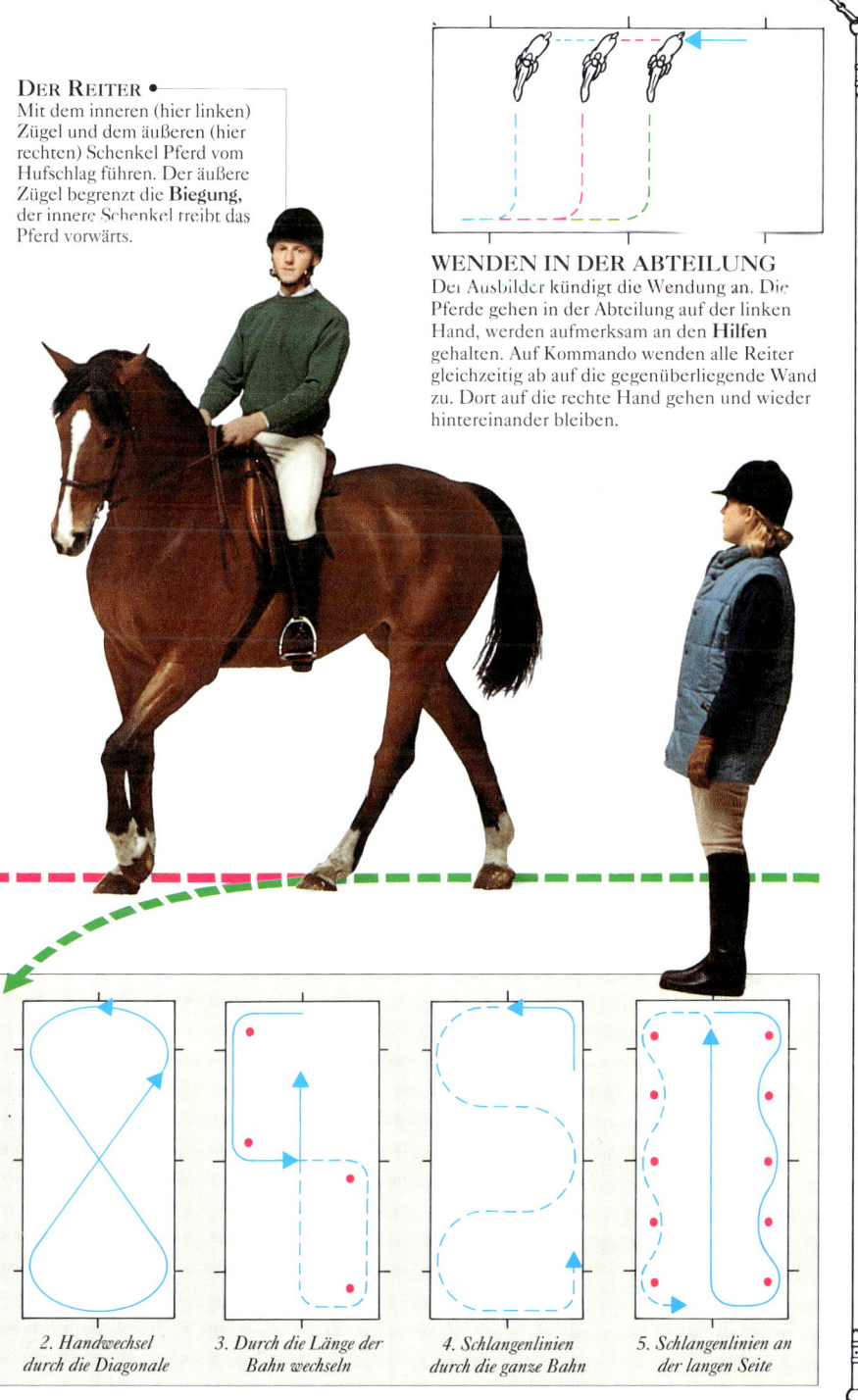

**DER REITER •**
Mit dem inneren (hier linken) Zügel und dem äußeren (hier rechten) Schenkel Pferd vom Hufschlag führen. Der äußere Zügel begrenzt die **Biegung,** der innere Schenkel treibt das Pferd vorwärts.

**WENDEN IN DER ABTEILUNG**
Der Ausbilder kündigt die Wendung an. Die Pferde gehen in der Abteilung auf der linken Hand, werden aufmerksam an den **Hilfen** gehalten. Auf Kommando wenden alle Reiter gleichzeitig ab auf die gegenüberliegende Wand zu. Dort auf die rechte Hand gehen und wieder hintereinander bleiben.

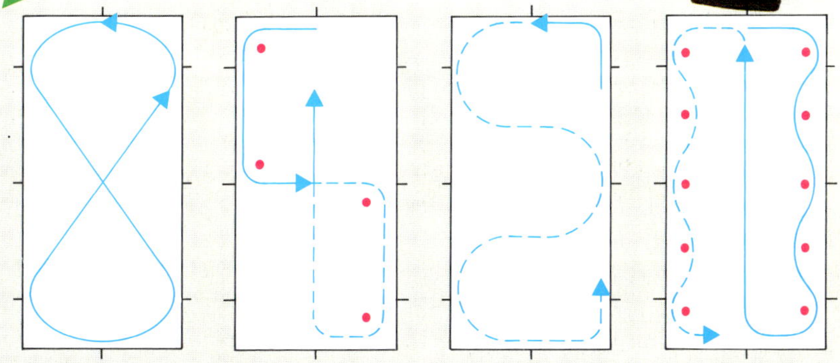

*2. Handwechsel durch die Diagonale*

*3. Durch die Länge der Bahn wechseln*

*4. Schlangenlinien durch die ganze Bahn*

*5. Schlangenlinien an der langen Seite*

LEKTION

# 10 GALOPPIEREN

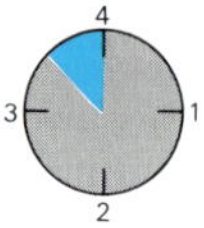


*Sie lernen, sich im Galopp auszubalancieren*

Der erste Galopp ist ein denkwürdiges Erlebnis für Sie. Galoppieren macht Spaß – wenn das Pferd unter Kontrolle ist. Am Anfang, wenn Sie sich noch verkrampfen und hin und hergestoßen werden, kommt Ihnen der Galopp sehr schnell vor. Wenn Sie sich entspannen und der schaukelnden Bewegung folgen können, ist der Galopp sehr bequem. Es handelt sich um eine springende Bewegung. Jedem Galoppsprung folgt eine **Schwebephase.** Berührt das linke Vorderbein den Boden vor dem rechten, spricht man von Linksgalopp, umgekehrt von Rechtsgalopp. Geradeaus kann beliebig galoppiert werden, aber auf gebogenen Linien wird auf dem inneren Beinpaar galoppiert, damit das Pferd im Gleichgewicht bleibt.

*ZIEL:* **Angaloppieren** auf dem richtigen Bein, Tempo regulieren, weicher Übergang zum Trab. *Schwierigkeitsgrad:* ••••

## *FEHLER IM GALOPP*

*Unreguliert*

*Balance von Pferd und Reiter wird gestört.*

Die meisten Fehler beim **Angaloppieren** sind auf schlechte Vorbereitung des Pferdes zurückzuführen. Angaloppieren auf dem falschen Fuß ist die Folge eines unregulierten Trabes, falscher Biegung (nach außen) und falscher **Hilfen.** Wenn die Zügel lang durchhängen, ist der Übergang unkontrolliert. Das Pferd trabt immer schneller (oben links) und fällt irgendwann in einen flachen, unregulierten Galopp.

Oben rechts: Die Reiterin stützt ihr Gewicht in die Hände anstatt in die Füße. Das Pferd legt das Gewicht auf die Vorhand. Nicht nach vorne beugen und auf die Schulter schauen, um zu sehen, ob das Pferd richtig angesprungen ist! Weitere Fehler: klammernde Schenkel, flatternde Schenkel, im Zügel hängen, unruhiger Oberkörper. Alle Fehler resultieren aus einem schlechten, verkrampften Sitz.

# VOM TRAB ZUM GALOPP

*Galopp durch regulierten,* ***schwungvollen*** *Trab vorbereiten. Das* ***Angaloppieren*** *auf dem richtigen Fuß ist leichter in einer Ecke oder Wendung.*

**TRAB**
Vorbereitung zum Rechtsgalopp: hinsetzen, Gesäßmuskeln anspannen. Pferd zwischen Schenkeln und Zügeln führen.

**ÜBERGANG**
Pferd leicht nach rechts **stellen,** innerer Schenkel am Gurt, äußerer Schenkel eine Handbreit zurück.

**GALOPP**
Innere Hand geht vor und läßt die rechte Schulter heraus, dann wieder leichten **Kontakt** halten. Mit den Schenkeln vortreiben.

## ÜBERGANG

Ein guter Galopp kann sich nur aus einem guten Trab entwickeln. Wenn Sie die Galopphilfen geben, darf das Pferd nicht wegstürmen Gerade sitzen, nicht nach vorne lehnen.

**HÄNDE**
Die innere Hand bestimmt die **Biegung.** Die äußere Hand begrenzt Biegung und **Schwung.**

**BEINE**
Der innere Schenkel treibt das Hinterbein unter den Schwerpunkt. Der äußere Schenkel hinter dem Gurt verhindert, daß die Hinterhand „ausfällt", d. h. zur Seite wegschleudert.

LEKTION

# 10 DER GALOPP

Aufrecht sitzen wie im Schritt, in den Hüften mit der Bewegung mitgehen, so daß das Gesäß am Sattel bleibt. In **Halsriemen** oder Vorderzwiesel fassen, bis Sie sich sicher fühlen.

**OBERKÖRPER**
Nicht verkrampfen. Mit lockeren Schultern und Hüften den Schwung auffangen. Arme folgen elastisch dem Maul, damit das Pferd den Kopf ruhig halten kann.

**BEINE**
Der Schenkel bleibt fest liegen und erhält den **Schwung,** falls nötig auch energisch treibend. Der äußere, zurückgenommene Schenkel führt die Hinterhand.

**DAS PFERD**
Das Pferd in lebhaften, kurzen Galoppsprüngen halten. Nicht in Trab fallen lassen.

## SO IST ES RICHTIG

**DER RICHTIGE GALOPP**
Das Pferd ist korrekt links **gestellt.** Linkes Beinpaar zeigt den Linksgalopp an. Das Pferd balanciert sich auf dem inneren Hinterfuß aus. Wenn Sie im „falschen" Galopp sind (äußeres Beinpaar springt vor) oder im „Kreuzgalopp" (Pferd geht vorne Rechts- und hinten Linksgalopp bzw. umgekehrt), zurück zum Trab und neu angaloppieren.

**SO GEHT'S LEICHTER**
Am besten in der Ecke angaloppieren, weil das Pferd in der engen Wendung automatisch mehr Gewicht auf das innere Hinterbein legt. Mißlingt der Versuch, in der Ecke eine Volte reiten und kurz vor Erreichen des Hufschlags die Hilfen wiederholen. Wenn das innere Hinterbein unter dem Schwerpunkt ist, kann das Pferd **angaloppieren.**

# VOM GALOPP ZUM TRAB

*Die Gangart wird zurückgeführt, indem der Schwung, den der Reiter mit Gewicht und Schenkeln aufrechterhält, von der aushaltenden Hand aufgefangen wird.*

**GALOPP**
Gerade hinsetzen, Schenkel anlegen, mit der Hand vermehrt gegenhalten. Galoppsprung verkürzen, **Vorhand** entlasten.

**ÜBERGANG**
Kreuz anspannen, tief in den Sattel setzen, Hände schließen. Hilfen je nach Pferd dosieren.

**TRAB**
Wenn das Pferd zum Trab übergeht, hinsetzen, mit der Hand vorgehen, leichten Kontakt mit Schenkeln und Zügeln halten.

## ÜBERGANG

Bei einem geschmeidigen **Übergang** behält das Pferd **Schwung** und **Balance.** Wenn nötig, zuerst den Galopp korrigieren, das Pferd aufmerksam machen, dann **Hilfen** anwenden.

**• OBERKÖRPER**
Tief im Sattel sitzen, aber nicht zu schwer. Bereiten Sie sich auf die Umstellung vom Galopp zum Aussitzen vor. Elastisch den **Übergang** abfedern. Er soll weich und fließend sein.

**• HÄNDE**
Hände nicht aufstützen. Nicht am Zügel ziehen. Dann geht der Rhythmus verloren, und das Pferd widersetzt sich vielleicht.

**BEINE •**
Schenkel, Gewicht und Hände müssen zusammenarbeiten, um die Hinterbeine unter den Schwerpunkt zu bringen und die **Vorhand** zu entlasten. Im Trab die Schenkel erst fest anlegen, dann den Druck mindern.

# TIPS FÜR FORTGESCHRITTENE

*Erfahrungen sammeln und Grundlagen festigen*

Nach diesen ersten Praxiserfahrungen müssen Sie sich wahrscheinlich erst einmal von Ihrem Muskelkater erholen. Diese Zeit können Sie nutzen, um weitere Schritte zu planen. Alles, was Sie bisher gelernt haben, muß jetzt geübt werden, bis es Ihnen in Fleisch und Blut übergegangen ist und Sie sich im Sattel zu Hause fühlen. Am besten machen Sie in vertrauter Umgebung weiter, in derselben Reitschule, besonders, wenn Sie sich mit dem Ausbilder gut verstehen und mit Ihrem Pferd gut zurechtgekommen sind.

Wenn Sie Ihr Pferd sicher beherrschen, können Sie ausreiten. Jede neue Erfahrung - reiten über Felder und Wege, bergauf und bergab, durch unterschiedliches Gelände – bringt Sie ein Stück weiter. Sie müssen lernen, vorschriftsmäßig auf Straßen zu reiten, zusammen mit Ihrem Ausbilder und in größeren Gruppen, und unerwartete Situationen zu meistern, wie die Begegnung mit Fußgängern, Vieh, Motorrädern u. ä.

## Es gibt noch viel zu lernen

Wenn Sie genügend Selbstvertrauen gewonnen haben und Ihr Pferd sicher beherrschen, wollen Sie vielleicht querbeet galoppieren und springen. Entscheidend für Ihre Fortschritte und die Freude, die Sie am Reiten haben werden, sind, wie bisher auch, guter Unterricht und ein passendes Pferd. Treten Sie einem Reiterverein bei, dort treffen Sie andere Reiter, mit denen zusammen Sie etwas unternehmen können, wie Trekking, Reiterurlaub oder sogar an Turnieren teilnehmen. Außerdem ist es lehrreich, erfahrenen Reitern zuzuschauen und zuzuhören.

# AUSREITEN

*Reiten im Gelände, auf Straßen und Wegen*

Die Belohnung für fleißiges Training und gute Fortschritte ist der erste Ausritt. Wenn Sie Ihr Pferd in der Bahn und auf dem Platz sicher beherrschen, fest in allen drei Gangarten im Sattel sitzen, Routine im Umgang mit dem Pferd erworben haben, können Sie sich jetzt im Gelände testen. Üben Sie zunächst auf einer Weide – Pferde benehmen sich im freien Gelände oft anders als auf einem umzäunten Platz. Vergessen Sie jetzt nicht alles, was Sie gelernt haben, werden Sie nicht nachlässig! Sie machen jetzt viele neue Erfahrungen, reiten auf unterschiedlichem Boden, auf harten Straßen und holprigen oder matschigen Wegen, durch Weidetore, im Wald, bergauf, bergab. Sie müssen sich konzentrieren, damit Sie Probleme rechtzeitig erkennen und möglichst vermeiden können.

## IM GELÄNDE

Bis Sie genügend Erfahrung im Gelände haben, sollten Sie einen erfahrenen und verläßlichen Begleiter mitnehmen. Hier einige Grundregeln zum Ausreiten:

- Überlegen Sie vorher, welche Route Sie reiten wollen, wo Sie eventuell eine geeignete Strecke zum Galoppieren finden.
- Sagen Sie im Stall Bescheid, wohin und wie lange Sie reiten wollen.
- Nehmen Sie Rücksicht auf Ihre Mitreiter vor und hinter Ihnen. Gleichmäßiges Tempo halten, niemals ohne Vorwarnung überholen.
- Achten Sie auf Ihre Umgebung. Nach vorne schauen, ob alles in Ordnung ist. Vermeiden Sie Löcher, glitschige oder holprige Böden, herumliegenden Abfall. Im Zweifel Schritt reiten.
- Weidetiere nicht beunruhigen, Fußgänger und andere Reiter im Schritt passieren.
- Nicht ohne Erlaubnis des Besitzers auf privatem Grund reiten. Niemals über bestellte Felder reiten. Örtliche Reitwegeregelung beachten. Weidetore wieder sorgfältig schließen, auch wenn kein Vieh zu sehen ist.

1. Öffnen eines Weidetores als Geschicklichkeitstest: Zügel in eine Hand, herunterbeugen, Verriegelung lösen, Tor öffnen.

2. Tor festhalten. Das Pferd mit den Schenkeln herumdrehen. Es darf weder zurückkriechen noch nach vorne springen.

3. Tor schließen, dabei Pferd auf der **Vorhand** wenden oder Volte reiten. Zügel in die andere Hand nehmen, Verriegelung befestigen.

# DAS RICHTIGE PFERD

Für den ersten Ausritt brauchen Sie ein zuverlässiges Pferd, damit Sie sich entspannen und den Ritt genießen können. Auch das Begleitpferd muß ruhig und gehorsam sein, damit sich der Ausbilder ganz auf Sie konzentrieren kann.

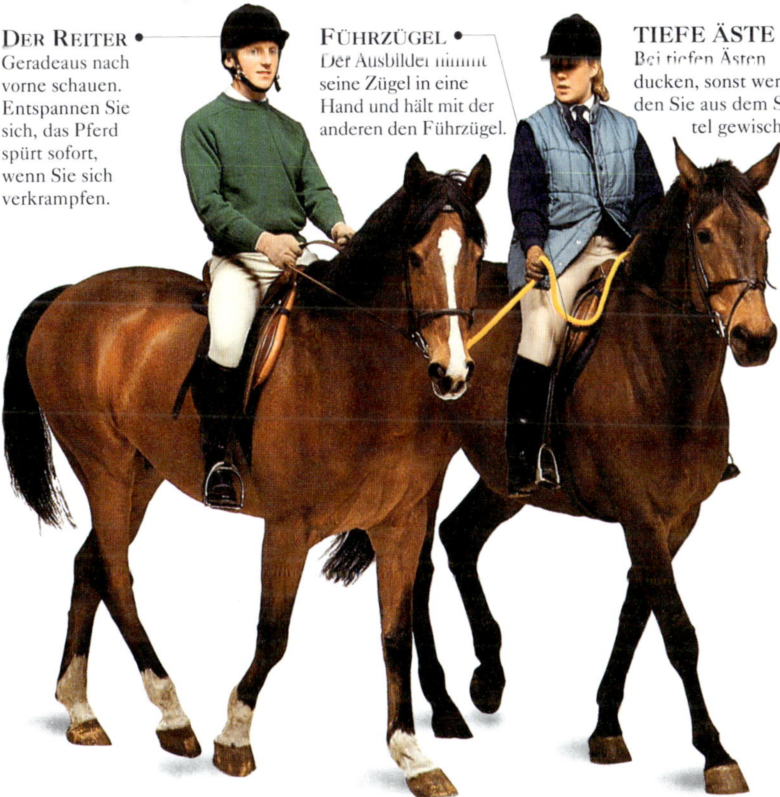

**DER REITER**
Geradeaus nach vorne schauen. Entspannen Sie sich, das Pferd spürt sofort, wenn Sie sich verkrampfen.

**FÜHRZÜGEL**
Der Ausbilder nimmt seine Zügel in eine Hand und hält mit der anderen den Führzügel.

**TIEFE ÄSTE**
Bei tiefen Ästen ducken, sonst werden Sie aus dem Sattel gewischt.

**BERGAUF**
Beim Bergaufreiten nach vorne legen, um die Hinterhand zu entlasten. Dem Pferd den Hals freigeben. Nicht hinter der Bewegung bleiben.

**DURCHS WASSER**
Nur durch Wasser reiten, wenn der Untergrund fest ist. Pferd in Bewegung halten. Schritt reiten, außer in sehr flachem Wasser.

**BERGAB**
Im Schritt bleiben, vor allem bei steilen Hängen. Nach vorne lehnen, Unterschenkel am Platz lassen, nicht mit den Knöcheln klammern.

# Reiten auf Strassen

*Als Anfänger sollten Sie Straßen vermeiden. Wenn Sie sie nicht umgehen können, muß Ihr Pferd vollkommen verkehrssicher sein, und Sie müssen wissen, wie Sie sich im Verkehr zu verhalten haben.*

## Abbiegen

Richtungsänderungen müssen Sie mit dem ausgestreckten Arm anzeigen. Verlassen Sie sich nicht auf die Rücksichtnahme der Autofahrer, manche sind sehr ungeduldig. Überlegen Sie vorher, wann Sie anhalten und wann Sie weiterreiten wollen.

NACH LINKS
Wenn Sie links abbiegen wollen, rechts der Straßenmitte einordnen. Aber gucken, ob hinten frei ist! Wenn vorne frei ist, schnell kreuzen.

UMSCHAUEN
Oft nach hinten schauen, vor allem, wenn Sie abbiegen wollen. Zeigen Sie den Autofahrern deutlich, wohin Sie reiten wollen.

NACH RECHTS
Vor dem Abbiegen den rechten Arm deutlich ausstrecken, so daß er von vorn und hinten gut zu sehen ist.

### *VERKEHRSSICHERHEIT*

Reiten auf Straßen kann gefährlich sein. Hier ein paar Tips: Bleiben Sie aufmerksam, nicht mit langem Zügel reiten. Möglichst helle Kleidung tragen. Schritt oder ruhigen Trab reiten, rechts bleiben, wenn möglich Seitenstreifen benutzen. Hintereinander bleiben. In einer Gruppe warnt der letzte Reiter den Verkehr, der erste zeigt Richtungs- oder Gangartwechsel an. Gefährliche Stellen (Baustellen) erst passieren, wenn die Seite frei ist. Nachts oder bei Nebel **Bügellampen** und reflektierende Kleidung tragen.

# VERKEHRS-KNIGGE

Bedanken Sie sich bei rücksichtsvollen Autofahrern. Danken Sie selbst Fahrern, die kaum abbremsen, sonst fahren sie das nächste Mal noch schneller. Eine große Gruppe teilt sich, um die Autos in der Mitte durchzulassen.

**AUTOS VERMEIDEN**
Straße möglichst frei machen. Hier steht der Ausbilder auf der Straßenseite, der Schüler in einer Einfahrt.

**FREUNDLICH**
Danken Sie Autofahrern mit einem kurzen Nicken oder Lächeln, wenn Sie die Zügel nicht zum Gruß in eine Hand nehmen wollen.

# WARNZEICHEN

Wenn Sie einem Fahrer bedeuten wollen, langsam zu fahren oder zu halten, schauen Sie ihn direkt an. Vergewissern Sie sich, daß er Sie gesehen hat.

**LANGSAM!**
Links: Arm ausstrecken, auf- und abbewegen. Damit zeigen Sie an, daß Sie das Tempo verlangsamen oder halten wollen. Fährt ein Auto zu schnell, bedeuten Sie dem Fahrer, langsam zu fahren. Anschließend bedanken.

**STOP**
Rechts: Hand hochheben. Fahrer anschauen, damit er weiß, daß Sie ihm ein Zeichen geben. Warten, bis die Straße frei ist, dann überqueren. In der Gruppe dicht beieinander bleiben.

# SPRINGEN

*Hindernisse überwinden: Anreiten, Absprung, Flugphase und Landung*

Ein ausbalancierter, sicherer Sitz ist der Schlüssel zum vertrauensvollen Springen. Der **Springsitz** ist anders als der normale Reitsitz, so daß sich der Reiter den vier Phasen des Sprunges anpassen kann. Ein falscher Sitz stört die **Balance** des Pferdes und erschwert ihm seine Aufgabe. Zur Vorbereitung über Stangen am Boden traben, im Springsitz bergauf und -ab galoppieren. Dann erst einzelne Hindernisse aus dem Trab oder Galopp anreiten. Schließlich einen Parcours mit mehreren Hindernissen springen.

## SPRINGSITZ

Springreiten erfordert einen ausbalancierten **Vorwärtssitz.** Bügel kürzer schnallen (s. S. 43). Springsitz erst im Halten üben, dann im Schritt, im Trab, in Wendungen und in unebenem Gelände.

**SITZ**
Oberkörper nach vorne beugen. Schultern nicht vor die Knie-Linie fallen lassen. Kopf hoch! Er ist schwer und kann die Balance beeinträchtigen.

**HÄNDE**
Zügel so anfassen, daß Ellbogen, Handgelenk und Pferdemaul eine gerade Linie bilden. Arme locker lassen, damit das Pferd über dem Sprung Kopf und Hals gebrauchen kann.

**BEINE**
Unterschenkel am Platz lassen, Kontakt zum Pferd halten. Absätze tief, in den Fußgelenken federn. Der kurze Bügel verkleinert den Winkel zwischen den beteiligten Gelenken und hilft somit, den Schwung aufzufangen.

## *STANGEN AUF DEM BODEN*

**BELIEBIG VERTEILT**
Stangen beliebig auf den Boden legen, im Schritt aus verschiedenenWinkeln darüberreiten, dann aus dem Trab, dabei Springsitz einnehmen. Im Rhythmus bleiben. Distanzen abschätzen.

**PARALLEL**
Parallele Stangen werden in der Regel im gleichen Abstand zueinander gelegt (ideal ist etwa 1 m). Das Pferd fußt im Trab mit den Hufen jeweils zwischen den Stangen auf.

# ÜBER STANGEN TRABEN

3–5 Stangen im Trababstand (s. o.) auf den Boden legen. Erst im Schritt, dann im Trab darüberreiten. Der Trabrhythmus darf sich nicht ändern, ebensowenig wie Ihr Sitz. Die Hände erlauben dem Pferd, den Hals vorwärts-abwärts zu strecken.

**• SITZ**
Aussitzen oder Leichttraben, leicht sitzen, Gewicht in den Bügel legen und so den Pferderücken entlasten. Üben Sie die Vorwärtsbewegung über dem Sprung. Kopf hoch, nach vorne schauen. Alle Gelenke müssen locker sein.

**• DAS PFERD**
Das Pferd hebt die Beine, damit es nicht an die Stangen stößt. Es soll Kopf und Hals vorwärts-abwärts strecken, im Rücken schwingen und dabei ruhig und entspannt bleiben.

**• BEINE**
Gamaschen oder Bandagen schützen die Pferdebeine beim Springen vor Verletzungen.

## ANREITEN UND ABSPRUNG

Hindernis aus ruhigem Trab oder Galopp mit genügend **Schwung** anreiten. Zum Taxieren nimmt das Pferd den Kopf etwas tiefer, bringt die Hinterhand unter den Körper und hebt die Vorhand. Es winkelt die Vorderbeine an, streckt sich je nach Breite des Sprungs und zieht die Hinterbeine nach.

**HÄNDE**
Leicht bleiben mit der Hand, nicht im Zügel festhalten. Das Pferd muß den Rücken aufwölben können.

**SITZ**
Beim Anreiten mit Kreuz und Schenkel treiben. Beim Absprung mit dem Oberkörper nach vorne gehen.

**VON HINTEN**
Von hinten nach vorne beugen, mit der Bewegung mitgehen, nicht stören.

## *FEHLER BEIM SPRINGEN*

*Verweigerung*

Die meisten Probleme beim Springen resultieren aus Reiterfehlern oder falscher Vorbereitung. Wenn ein Pferd schlecht an ein Hindernis herangebracht wird, kann es verweigern, die Stange abwerfen, vorbeilaufen oder sogar stürzen. Ein schlecht ausbalanciertes Pferd hat Probleme beim Springen, ebenso wenn es zu langsam oder zu schnell zum Sprung geritten wird. Schlecht sind grobe Hände, verkrampfter Sitz, fliegende Schenkel, zu häufiges Springen. Nie am Zügel festhalten! Schlecht konstruierte und plazierte Hindernisse sind gefährlich.

## LANDEPHASE

Wenn die Vorderbeine den Boden berühren, hebt das Pferd Kopf und Hals. Wenn die Hinterbeine landen, hebt es die **Vorhand,** um weiterzugaloppieren. Nicht nach vorne auf den Hals fallen. Etwas aufrichten, Knie locker anlegen, Absatz tief, leichter Zügelkontakt.

**SITZ BEI DER LANDUNG**
Wenn das Pferd landet, aufrichten, um die Vorhand zu entlasten. Landung mit Knie und Fußgelenk abfedern, damit das Gewicht nicht schwer in den Sattel fällt.

**HÄNDE**
Bei entspannten Schultern und Ellbogen folgen die Hände der Bewegung, ohne im Maul zu stören.

**SPRINGEN MIT FÜHRPFERD**
Vom Stall oder von anderen Pferden weg zu springen, ist anfangs schwer. Es ist leichter, wenn ein erfahrenes Pferd vorweg springt. Hier warten die Schüler, bis sie an der Reihe sind.

### *HÖHERE SPRÜNGE*

*Hochweitsprung (Oxer)*

Um höhere Sprünge zu überwinden, müssen Sie in der Lage sein, kontrolliert den Sprung anzureiten und den richtigen Absprung zu bestimmen. Sie müssen **Schwung**, Tempo und Länge des Galoppsprungs bestimmen können.

*Steilsprung*

# DRESSURMÄSSIGES REITEN

*Die Eleganz und Beweglichkeit des Pferdes wird durch feinere **Hilfen** entwickelt*

In der Regel gilt ein Reiter erst nach vielen Jahren als fortgeschritten. Mindestens fünf Jahre sind nötig, um ein Pferd systematisch dressurmäßig auszubilden. Ziel der **Dressur** ist es, das Pferd zu kräftigen, dabei Losgelassenheit, Aufmerksamkeit und Gehorsam zu fördern. Ein unausgebildetes Pferd belastet vor allem die **Vorhand.** In der Dressurausbildung lernt es, vermehrt mit der Hinterhand Gewicht aufzunehmen. Durch die Entlastung der Vorhand wird das Pferd leichtfüßiger, so daß es sich in völliger Harmonie mit dem Reiter bewegen kann.

## VERSCHIEDENE TEMPI

Ein **versammeltes** Pferd verteilt sein Gewicht und das des Reiters gleichmäßig auf alle vier Beine. Die Hinterhand wird vermehrt engagiert, dadurch kann sich das Pferd **versammeln** oder die Bewegungen verlängern. Der Reiter lernt die Hilfen zum versammelten, Mittel- und starken Schritt, Trab bzw. Galopp.

**SITZ**
Der Reiter sitzt tief, aber nicht schwer im Sattel. Er sitzt aufrecht, dabei locker.

**VERSAMMELTER TRAB**
Oben: Mit kurzen, erhabenen Tritten geht das Pferd energisch vorwärts. Rücken und Hals sind losgelassen, die Schultern entlastet.

**DER REITER**
Der Reiter veranlaßt das Pferd mit geschulten Kreuz-, Schenkel- und Zügelhilfen, sich zu strecken.

**STARKER TRAB**
Rechts: Mit energisch abfederndem Hinterbein verlängert das Pferd die Tritte und gewinnt soviel Boden wie möglich. Der Rahmen wird erweitert, aber das Pferd bleibt **am Zügel.**

# Seitengänge

Seitengänge verbessern Losgelassenheit, Gehorsam und **Gleichgewicht.** Das Pferd ist leicht gebogen, Vor- und Hinterhand gehen auf verschiedenen Hufschlägen. Meist wird **versammelter** Trab geritten, gelegentlich Galopp, seltener Schritt. Unabhängige **Hilfengebung** ist wichtig.

*ERLÄUTERUNG*

*Begrenzung des Vierecks (Bande)*

*Bewegungsrichtung*

## TRAVERSALEN

In der Trabtraversalen bewegt sich das Pferd diagonal zum Hufschlag, die äußeren Beinpaare treten über die inneren. Der Reiter bestimmt **Biegung** und Richtung mit innerem Schenkel und innerer Hand.

## TRAVERSALE VON VORN

Von vorn ist das Kreuzen der Vorderbeine deutlich zu sehen. Die **Vorhand** geht der Hinterhand etwas voraus. Das Pferd ist in Bewegungsrichtung gebogen. Äußerer Schenkel und äußere Hand begrenzen die **Biegung.**

## SCHULTERHEREIN

Das Pferd ist gegen die Bewegungsrichtung gebogen. Der Winkel zur Bande beträgt etwa 30 Grad. Das inne Hinterbein tritt in die Spur des äußeren Vorderbeins, so daß von vorne drei Beine zu sehen sind.

## TRAVERS

Hierbei wird die Hinterhand in einem Winkel von 30 Grad zur Bande nach innen geführt. Das Pferd ist in Bewegungsrichtung gebogen und geht auf drei, bei starker **Biegung** auf vier Hufschlägen.

# WENDUNGEN IM HALTEN

Im Halten wendet das Pferd entweder um das innere Hinterbein (Hinterhandwendung) oder um das äußere Vorderbein (Vorhandwendung). Eine halbe Pirouette ist eine Wendung im Halbkreis (rechts), eine Pirouette ist eine Wendung von 360 Grad. Eine Galopp-Pirouette erfordert ein hohes Maß an Versammlung und Training.

*Hinterhandwendung (halbe Pirouette) im Schritt o. Kurzkehrtwendung.*

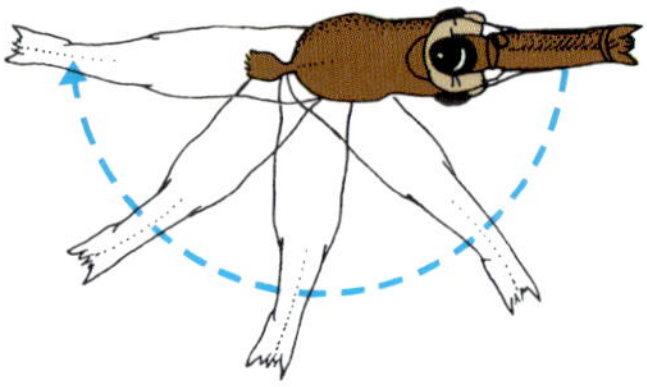

**HINTERHANDWENDUNG**
Oben und rechts: Vorderbeine und äußeres Hinterbein bewegen sich um das innere Hinterbein. Die Wendung wird aus dem versammelten Schritt oder **Halten** ausgeführt. Das Pferd ist leicht in Richtung der Wendung gebogen.

# FLIEGENDER WECHSEL

Beim fliegenden Wechsel springt das Pferd vom Rechts- in den Linksgalopp bzw. umgekehrt. Die Wechsel können einzeln oder in bestimmter Folge – etwa jeden dritten Sprung – ausgeführt werden.

• BEINE
In der **Schwebephase** springt das Pferd um.

*Fliegender Wechsel*

*Linksgalopp*

*Rechtsgalopp*

**• DER REITER**
Der äußere Schenkel fordert das Pferd auf, seitwärts zu treten und hält die Hinterbeine am Platz. Der innere Schenkel kontrolliert die Wendung, erhält den Vorwärtsimpuls und verhindert Zurücktreten.

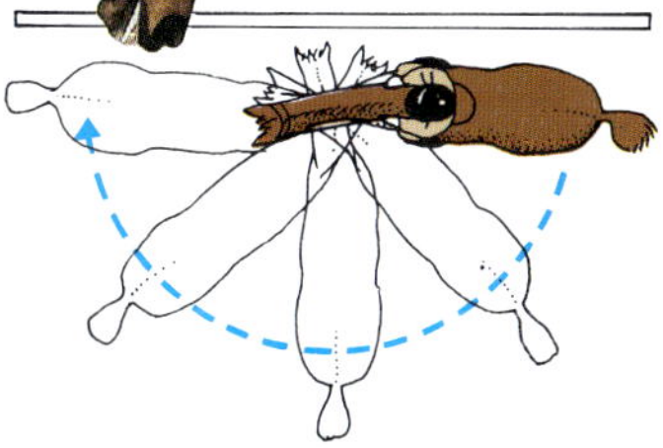

### VORHANDWENDUNG
Oben: Die Vorhandwendung ist nützlich, um die Schenkelhilfen zu lernen. Das Gewicht des Pferdes liegt auf der **Vorhand,** deswegen wird die Lektion in fortgeschrittenem Training nicht geritten.

## *SCHULGÄNGE*

Lektionen wie Piaffe, Passage und Galopp-Pirouetten verlangen höchste **Versammlung,** Entlastung der **Vorhand,** völlige Losgelassenheit und maximalen **Schwung.** Sie sind das Ergebnis vollendeter Ausbildung der natürlichen Anlagen des Pferdes.

### PASSAGE
Passage ist ein federnder, **erhabener** Trab mit einer verlängerten **Schwebephase** – wie in Zeitlupe. Das Pferd bewegt sich in vollendetem **Gleichgewicht.**

### PIROUETTE
Das Pferd beschreibt einen Kreis auf der Stelle, wobei es um das innere Hinterbein galoppiert. Der Galopprhythmus muß dabei erhalten bleiben.

# *WENN PROBLEME AUFTAUCHEN*

*So können Sie schwierige Situationen meistern*

In einer guten Reitschule wird man Ihnen als Anfänger passende, ruhige Pferde geben, zuverlässig, in guter Kondition und mit sicherem, gepflegtem Sattelzeug. Damit werden viele Probleme von vornherein vermieden. Trotzdem müssen Sie wissen, was zu tun ist, wenn etwas schiefläuft. Pferde haben angeborene Angst vor Unbekanntem. Wenn sie sich erschrecken, springen sie instinktiv zur Seite **(scheuen)** oder gehen durch. Manche machen kehrt, gehen nicht vorwärts, drängen zum Stall **(Kleben).** Gefährlich und schwer zu korrigieren ist das **Steigen** (Stehen auf beiden Hinterbeinen). Ein übermütiges oder erregtes Pferd neigt zu anderen Problemen: **zackeln, pullen, bocken,** nach anderen Pferden schlagen. Gleichgültig, wie sehr Sie sich über Ihr Pferd ärgern, versuchen Sie, ruhig zu bleiben, werden Sie niemals brutal und unbeherrscht – das macht alles noch schlimmer. Reiten Sie beherzt weiter, bleiben Sie aufmerksam und versuchen Sie, Problemen rechtzeitig zu begegnen.

## *WIDERSETZLICHKEITEN*

Vielleicht ist Ihr Pferd stur oder will seine Gefährten, den Stall oder die Weide nicht verlassen. Wenn es stehenbleibt, zurückläuft oder kehrt macht, energisch vorwärtstreiben. Ein Pferd, das hartnäckig **klebt, bockt, steigt** oder **scheut,** muß von einem erfahrenen Reiter korrigiert werden

**KLEBEN**
Energisch vorwärtsreiten, fest sitzen, Kontakt mit Schenkel und Zügel halten. Mit der Zunge schnalzen oder mit der Stimme antreiben. Oft hilft die Gegenwart eines anderen Pferdes.

**SCHEUEN**
Kopf des Pferdes vom Objekt des Scheuens wegdrehen, fest am äußeren Zügel halten. So haben Sie bessere Kontrolle über das Pferd. Es kann nicht mehr so leicht scheuen.

**STEIGEN**
Versuchen Sie, dem Steigen durch beherztes Vorwärtsreiten zuvorzukommen. Beim Steigen nach vorne legen, nicht am Zügel ziehen. Pferde, die als Steiger bekannt sind, meiden.

# PROBLEME ANPACKEN

Die meisten Probleme können mit gesundem Menschenverstand gelöst werden. Wenn das Pferd ein Eisen verliert, nach Hause führen, harte Straßen vermeiden. Ein loses Eisen möglichst abnehmen, ohne die Hornwand auszubrechen. Wenn der Gurt oder ein Zügel reißt: anhalten, absitzen, Pferd nach Hause führen.

**LAHMHEIT**
Oben: Vortraben, um zu prüfen, ob das Pferd lahmt. Bei Lahmheit Hufe auf Steinchen, Beine auf Verletzungen untersuchen. Wenn nötig, nach Hause führen.

**GURT GERISSEN**
Wenn der Gurt bei hohem Tempo reißt, fallen Sie wahrscheinlich herunter. Wenn Sie rechtzeitig merken, daß etwas nicht stimmt: vorsichtig absitzen, Sattel abnehmen, Pferd nach Hause führen.

**WENN SIE HERUNTERFALLEN**
Die meisten Stürze lassen sich vermeiden, wenn Sie sicher sitzen, Ihr Pferd beherrschen und vorausdenken. Wenn Sie fallen: nicht verkrampfen, Pferd am Zügel festhalten. Nur bei hohem Tempo loslassen (Gefahr, mitgeschleift zu werden).

**WENN EIN MITREITER FÄLLT**
Wenn Ihr Mitreiter fällt und das Pferd losläßt, versuchen Sie, es einzufangen. Wenn er nicht verletzt ist, kann er weiterreiten. Wenn er verletzt ist, Hilfe holen. Nützlich sind Kenntnisse in Erster Hilfe. Ein Helfer muß das Pferd nach Hause führen.

# PFERDEPFLEGE

*Sich um das Wohlergehen und die täglichen Bedürfnisse des Pferdes kümmern.*

Indem wir Pferde in Boxen sperren, berauben wir sie ihrer Freiheit. Deswegen sollten wir alles tun, um sie in dieser unnatürlichen Umgebung gesund und bei Laune zu halten. Die meisten Pferde sind schon zufrieden, wenn sie richtiges Futter und einen trockenen, luftigen Stall mit sauberer Einstreu haben. Pferde mögen einen geregelten Tagesablauf mit festen Futter-, Putz- und Trainingszeiten. Deshalb sollte ein Tagesplan eingehalten werden. Die Pferde sollten möglichst mehrere Stunden auf die Weide gehen, vielleicht auch nachts, besonders wenn sie nicht gearbeitet werden. Im Winter müssen sie warm und trocken stehen, im Sommer vor Insekten und Hitze geschützt werden.

## FÜTTERUNG

Was, wieviel und wann gefüttert wird, hängt vom jeweiligen Pferd ab, von Größe, Alter, Training und ob es im Stall oder draußen gehalten wird. Ein Pferd verdaut langsam, deswegen öfter kleine Portionen füttern. Vorher tränken, nachher mindestens eine Stunde Ruhe einplanen. Plötzliche Futterumstellung vermeiden.

*Mischfutter* *Kleie* *Hafer* *Maisflocken*

*Häcksel* *Pellets* *Gerste* *Leinsamen* *Wurzeln und Früchte*

**FUTTER**
Es gibt viele verschiedene Futtermittel wie Rauhfutter, meist Heu, das Ballaststoffe enthält, und Körnerfutter, wie Hafer und Gerste, das für Energie und Eiweiß sorgt. Fertigfutter (Pellets) wird nach unterschiedlichen Bedürfnissen zusammengestellt. Möhren und Äpfel bringen Abwechslung.

# AUSMISTEN

Die Box muß regelmäßig ausgemistet werden. Saubere, trockene Einstreu hält das Pferd warm, lädt zum Hinlegen und zum Stallen (Urinieren) ein, schont die Beine und schützt vor Verletzungen.

## GERÄTE

Zu den Stallgeräten gehören: eine Karre, eine Schippe oder ein Behälter für die Pferdeäpfel, Gabeln, um Mist zu entfernen und Stroh aufzuschütteln, Schaufel, Harke und Besen, um Späne-Einstreu zu säubern.

## EINSTREU

Die Einstreu muß ungiftig sein. Stroh trocknet gut, Sägespäne sind weniger staubig und trocknen schneller als Sägemehl oder Torf. Papierschnitzel eignen sich für Pferde, die allergisch auf Staub und Grassporen reagieren.

## 1. AUSMISTEN

Heunetze und Eimer entfernen, Pferdeäpfel mit der Gabel herausnehmen, schmutzige Einstreu von der sauberen trennen und in die Mistkarre werfen.

## 2. BODEN FEGEN

Saubere Einstreu in den Ecken oder an den Wänden aufhäufen, schmutzige Einstreu mit Besen und Schaufel zusammenfegen und entfernen. Den Boden trocknen lassen.

## 3. EINSTREUEN

Saubere Einstreu mit der Gabel bzw. bei Spänen mit der Harke verteilen, wenn nötig, mit einer Lage frischer Einstreu bedecken. An den Wänden einen „Wall" aufschütten.

# EINDECKEN

Im Stall gehaltene Pferde werden bei kaltem Wetter eingedeckt, vor allem, wenn sie ein dünnes Fell haben oder geschoren sind. Auf der Weide schützt eine wasserdichte Decke. Weidepferde haben oft ein dickes Fell und schwitzen stark bei der Arbeit. Sie werden dann geschoren, brauchen aber als Ersatz für das Fell eine warme Decke.

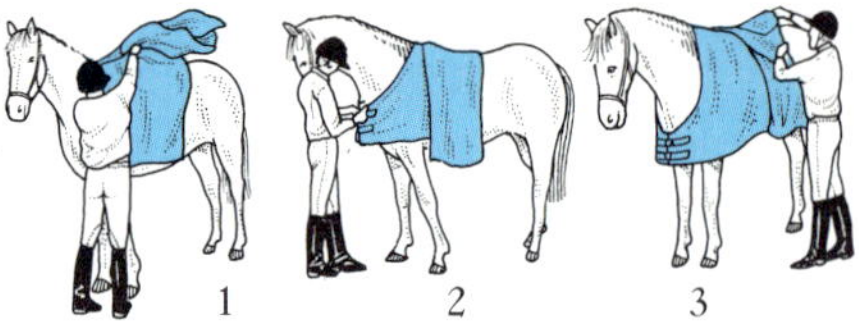


**SO WIRD DIE DECKE AUFGELEGT**
Decke auf den Rücken werfen oder in der Mitte falten und über den **Widerrist** legen (1). Vorne befestigen (2), so daß die Decke nicht scheuert. Ausbreiten (3). Nicht gegen den Strich ziehen. Deckengurt und ggf. Beinschlaufen befestigen (4).

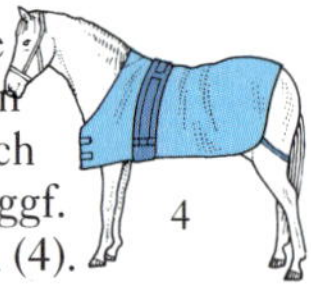


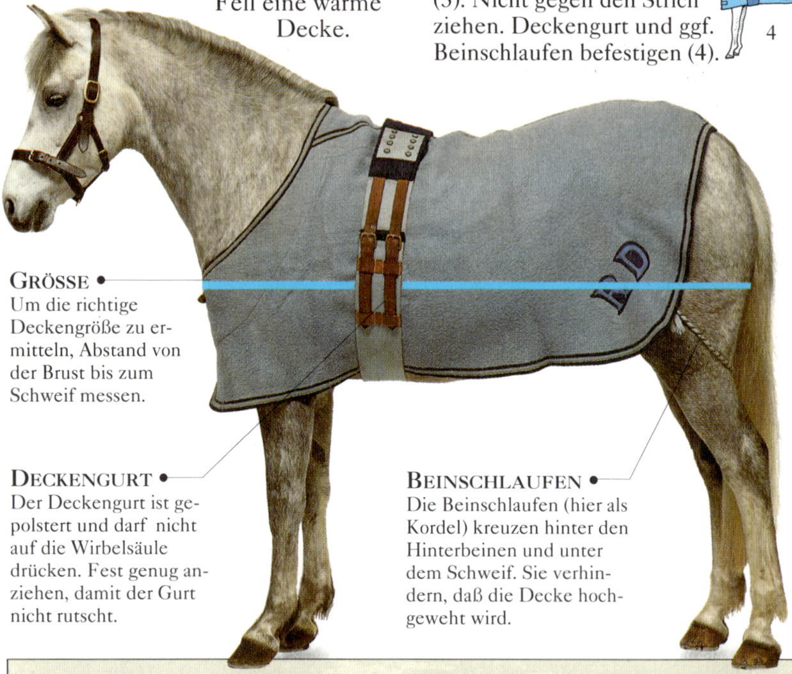

**GRÖSSE**
Um die richtige Deckengröße zu ermitteln, Abstand von der Brust bis zum Schweif messen.

**DECKENGURT**
Der Deckengurt ist gepolstert und darf nicht auf die Wirbelsäule drücken. Fest genug anziehen, damit der Gurt nicht rutscht.

**BEINSCHLAUFEN**
Die Beinschlaufen (hier als Kordel) kreuzen hinter den Hinterbeinen und unter dem Schweif. Sie verhindern, daß die Decke hochgeweht wird.

## *VERSCHIEDENE PFERDEDECKEN*

Es gibt für jeden Verwendungszweck eine spezielle Decke. Jutedecken mit Wollfutter sind strapazierfähig, aber auch schwer und unhandlich, vor allem, wenn sie zusammen mit einer zweiten wärmenden Decke verwendet werden. Synthetikdecken sind leichter und einfacher zu reinigen. Die besten unter ihnen bieten hervorragende Wärmeisolierung. Tages- und Reisedecken sind unterschiedlich dick. Sie sind meist aus farbiger Wolle und mit Baumwolle eingefaßt. Wasserdichte Decken, genannt „Neuseelanddecken", für Weidepferde sind aus Segeltuch mit Wolle gefüttert. Sie sind sehr schwer und können an Schultern und **Widerrist** scheuern. Deswegen müssen sie gepolstert sein und täglich kontrolliert werden. Die Beinriemen müssen sauber und geschmeidig sein. Baumwolldecken schützen vor Fliegen und Staub. Abschwitzdecken aus Baumwolle, Netzstoff oder Frottee verhindern Erkältungen bei schwitzenden Pferden.

## EIN TAG IM STALL

Ein typischer Tag beginnt morgens mit der Überprüfung der Pferde, ob alles in Ordnung ist. Decken geraderücken, leere Heunetze herausnehmen, Eimer säubern und nachfüllen, dann füttern. Anschließend ausmisten. Pferde überputzen, Mähne und Schweif säubern, Hufe auskratzen. Jetzt sind sie fertig zum Satteln und Zäumen. Die meisten Pferde werden 1½ Stunden täglich geritten, entweder dressurmäßig oder ins Gelände oder beides. Zurück im Stall werden sie abgesattelt, die Sattellage mit einem feuchten Schwamm ausgewischt. Wenn es kalt ist, wird eine Decke aufgelegt, bei warmem Wetter werden die Pferde draußen geführt, bevor sie ein Heunetz bekommen. Nachdem sie gründlich geputzt wurden, gibt es Mittagsfutter. Nachmittags Boxen säubern, Heunetze füllen, Wasser kontrollieren. Vor dem Abendfutter eindecken. Spätabends wird der Stall noch einmal kontrolliert.

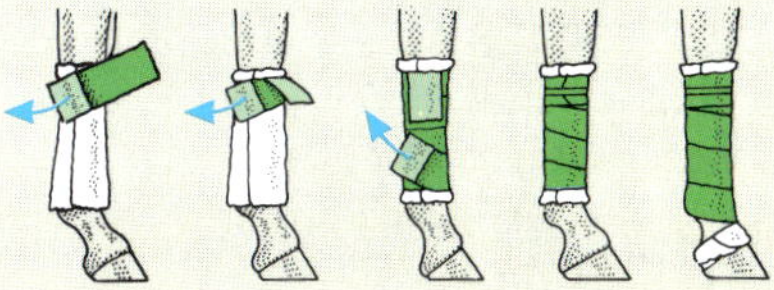

**BANDAGIEREN**
Bandagen schützen den unteren Teil der Beine zwischen Fessel und Vorderknie bzw. Sprunggelenk. Sie dürfen die Bewegung der Gelenke nicht einschränken, müssen gleichmäßig und fest anliegen. ohne zu drücken. Bandagen vor Gebrauch sauber aufrollen. Oben an der Außenseite mit dem Wickeln beginnen, herunter bis fast zur Fessel und wieder heraufwickeln. Falls eine Unterlage benutzt wird, auf dieselbe Wickel-Richtung achten. Stall- und Reisebandagen werden bis über die Fesseln gewickelt, um sie warm zu halten und zu schützen.

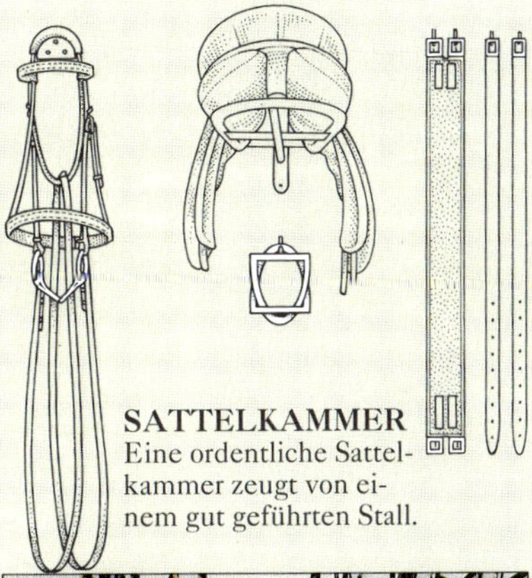

**SATTELKAMMER**
Eine ordentliche Sattelkammer zeugt von einem gut geführten Stall.

**HOF FEGEN**
Stall und Hof werden durch tägliches Ausmisten, Entfernen der Pferdeäpfel und regelmäßiges Fegen saubergehalten.

**LEDERPFLEGE**
Lederzeug braucht regelmäßige Pflege. Nach Gebrauch das Gebiß waschen, Sattel und Zaumzeug reinigen.

**WEIDEN SAUBERHALTEN**
Weiden werden schnell „pferdemüde", wenn sie überstrapaziert sind. Häufiges Entfernen der Dunghaufen verhindert Wurmbefall.

# ERLÄUTERUNG DER FACHAUSDRÜCKE

## A

• **Aktion:** Die Art und Weise, wie sich das Pferd bewegt.
• **Am Zügel:** Das Pferd tritt mit willig hergegebenem Genick ans Gebiß, so daß Gewichts-, Schenkel- und Zügelhilfen ohne Widerstand einwirken können.
• **An den Hilfen:** Das Pferd wird von Schenkel- und Zügelhilfen „eingerahmt“, so daß es aufmerksam bleibt, bereit, den Aufforderungen des Reiters nachzukommen.
• **Angaloppieren:** Der erste Galoppsprung nach der Hilfe zum Galopp.
• **Anlehnung:** Verbindung zwischen Pferdemaul und Reiterhand durch Gebiß und Zügel. Die Anlehnung soll leicht und gleichmäßig sein. Sie ist die Voraussetzung für die richtige Einwirkung auf das Pferd.
• **Arbeitstrab, -galopp:** Tempo zwischen Mittel- und starkem Trab bzw. -Galopp.
• **Aufsteigblock:** Niedriges Stufengestell o. ä., um dem Reiter das Aufsitzen zu erleichtern.

## B

• **Balance** s. Gleichgewicht
• **Biegung:** In Wendungen muß das Pferd vom Kopf bis zum Schweif gleichmäßig gebogen sein. Die biegende Arbeit dient der Gymnastizierung des Pferdes, um Muskeln, Sehnen und Gelenke geschmeidig zu machen.
• **Bocken:** Das Pferd springt mit allen vier Beinen in die Luft, nimmt dabei den Kopf zwischen die Vorderbeine, eine Unart, bei der der ungeübte Reiter leicht in „Wohnungsnot“ gerät, also abgeworfen wird.
• **Box:** Abgeschlossener Stallraum, in dem sich das Pferd frei bewegen kann. Eine Box sollte mindestens drei mal drei Meter groß sein.
• **Bügellampen:** Batteriebetriebene Leuchten, die an den Bügeln befestigt werden, damit der Reiter auch bei Dunkelheit und im Nebel von andereren Verkehrsteilnehmern rechtzeitig erkannt werden kann.

*Über dem Zügel*

## D

• **Dressur:** Systematische Ausbildung des Pferdes, die Entwicklung seiner physischen Möglichkeiten und des Gehorsams.
• **Druckstellen:** Treten bei unsachgemäß verschnalltem oder ungepflegtem Sattel- und Zaumzeug auf, zum Beispiel in der Gurtenlage, besonders wenn das Pferd noch wenig geritten und seine Haut noch weich ist. Schlecht sitzende Sättel verursachen Satteldruck. Liegt der Vorderzwiesel zu dicht auf dem Widerrist, gibt es dort Scheuerstellen, die nur langsam abheilen.

## E

• **Einwirkung:** Die Anwendung der Hilfen.
• **Erhaben:** Das Pferd hebt seine Beine in den versammelten Tempi höher als in den Arbeitstempi.
• **Exterieur** s. Gebäude.

## F

• **Fleiß:** Energisches Ausschreiten im Schritt, lebhafte, aber nicht übereilte Fußfolge im Trab und Galopp.

## G

• **Gebäude:** Die Anatomie des Pferdes, der Körperbau.
• **Gebogen:** s. Biegung.
• **Gleichgewicht:** Ein Reiter sitzt im Gleichgewicht, wenn sich sein Schwerpunkt über dem des Pferdes befindet. Ein Pferd geht im Gleichgewicht, wenn es sich mit dem Reitergewicht in allen Gangarten mühelos und sicher bewegt, dabei nichts von seinen natürlichen Bewegungen verliert und keine Stütze im Zügel sucht.

## H

• **Halsriemen:** Ein Riemen um den Hals des Pferdes, in dem sich der Anfänger zunächst festhalten kann.
• **Halten:** Korrektes Halten, bei dem das Pferd gerade auf allen vier Beinen steht, ist schwerer, als der Anfänger vermutet.
• **Handwechsel:** Änderung der Richtung beim Reiten in der Bahn, also von der rechten auf die linke Hand und umgekehrt. (Die innere Hand gibt die Richtung an.)
• **Hanken:** Hüften und Kruppe.
• **Hilfen, Hilfengebung:** Die „Sprache" zwischen Reiter und Pferd. Man unterscheidet Gewichts- (Kreuz-), Schenkel- und Zügelhilfen. Gewichts- und Schenkelhilfen sind die treibenden Hilfen, Zügelhilfen die verhaltenen Hilfen. Die treibenden Hilfen müssen immer vorherrschen.
• **Hinter dem Zügel:** Das Pferd weicht dem Gebiß aus, indem es sich hinter dem Zügel „verkriecht", den Kopf an die Brust nimmt.

## K

• **Kandare:** Durchgehendes Stangengebiß mit seitlichen Aufzügen, die eine Hebelwirkung auf den Unterkiefer ausüben. Beim Dressurreiten wird die Kandare meist in Verbindung mit einem dünnen Trensengebiß verwendet. Sie gehört in die Hand des erfahrenen Reiters.
• **Kleben:** Wenn ein Pferd sich hartnäckig weigert, von seinen Artgenossen oder dem Stall wegzugehen.
• **Kontakt:** Siehe Anlehnung.
• **Kreuzhalfter, (Mexikanisches)**

## L

• **Laden:** Zahnlose Flächen im Unter- und Oberkiefer des Pferdes. Sie sind sehr empfindlich. An dieser Stelle liegt das Gebiß.
• **Leichter Sitz (Vorwärtssitz):** Beim Springen und schnellen Galoppieren legt der Reiter den Oberkörper nach vorne, um den Pferderücken zu entlasten. Dazu werden die Bügel drei bis vier Löcher kürzer geschnallt.

## M

• **Mitteltrab, -galopp, -schritt:** Tempo zwischen versammelten, Arbeits- und starken Tempi.

## P

• **Pullen:** Das Pferd will schneller galoppieren als der Reiter, versucht sich durch Druck auf das Gebiß seiner Kontrolle zu entziehen.

*Hinter dem Zügel*

## R

• **Reithalfter:** Reithalfter mit zweiteiligem gekreuztem Nasenriemen, der über und unter dem Gebiß befestigt wird. So soll verhindert werden, daß das Pferd das Maul aufsperrt, ohne daß die Atmung behindert wird.

## S

• **Sattelbaum:** Der feste, meist metallene Kern des Sattels.
• **Satteldruck:** Siehe Druckstellen.
• **Scheuen:** Wenn das Pferd vor unbekannten Gegenständen oder Geräuschen erschrickt und zur Seite springt.
• **Scheuerstellen:** Siehe Druckstellen.
• **Schwebephase:** Der Moment im Trab oder Galopp, in dem alle vier Beine in der Luft sind. Der Schritt hat keine Schwebephase.
• **Schwung, schwungvoll:** Energisches Abfedern der Hinterbeine im Trab und Galopp. Schwungloses Traben und Galoppieren ist ein Kardinalfehler.
• **Springsitz:** Siehe Leichter Sitz.
• **Starke Tempi:** Höchster Raumgriff im Schritt, Trab und Galopp, im Trab und Galopp auch höchste Schwungentfaltung.
• **Steigen:** Das Pferd entzieht sich der Einwirkung des Reiters, indem es sich auf die Hinterbeine stellt. Dabei kann es das Gleichgewicht verlieren und sich überschlagen oder zur Seite fallen und den Reiter schwer verletzen. Steigen ist also eine sehr gefährliche Unart, die nur ein erfahrener Reiter korrigieren kann.
• **Stellung, stellen:** Seitliche Biegung von Kopf und Hals. Sie muß verbunden sein mit der Biegung des gesamten Pferdekörpers.

## Ü/U

• **Über dem Zügel:** Das Pferd versucht, dem Gebiß auszuweichen, indem es den Kopf hochnimmt und die Nase vorstreckt.
• **Übergang:** Der Wechsel von einer Gangart in die andere, z. B. vom Schritt zum Trab, oder der Wechsel von einem Tempo zum anderen, zum Beispiel vom Arbeits- zum Mitteltrab.
• **Unabhängiger Sitz:** Die Fähigkeit, sicher und ausbalanciert in allen Gangarten und Tempi zu sitzen, ohne sich am Zügel festzuhalten.

## V

• **Versammlung (versammelt):** Die Hinterhand tritt vermehrt unter den Schwerpunkt des Pferdes und nimmt dadurch Gewicht auf. Die Vorhand wird entlastet, die Bewegungen des Pferdes werden erhabener, schöner und kadenzierter. Das ganze Pferd erscheint kürzer. Die Versammlung steht erst am Endpunkt der dressurmäßigen Ausbildung des Pferdes. Vom Reiter erfordert sie sichere und gefühlvolle Einwirkung.
• **Verständnis für das Pferd:** Zu wissen, wie man mit einem Pferd umgeht, die Fähigkeit sich in ein Pferd hineinzudenken, in seine Art, die Welt zu erleben, ist der erste Schritt zum tieferen Verständnis des Pferdes. Erst nach vielen Jahren intensiver Beschäftigung mit Pferden kann aus einem Pferdeliebhaber ein „Horseman“ werden.
• **Vorwärtssitz:** s. leichter Sitz.
• **Vorhand:** Vorderteil des Pferdekörpers, also Kopf, Hals, Widerrist, Schultern und Vorderbeine.

## W

• **Widerrist:** Verbindung zwischen Hals und Rücken, gebildet durch die Dornfortsätze der ersten 10 – 12 Rückenwirbel. An dieser Stelle wird das Stockmaß gemessen. Der Widerrist soll beim normal gebauten Pferd etwas höher als die Kruppe liegen.

## Z

• **Zackeln:** Kurzes, hastiges Traben anstelle eines gelassenen Schrittes. Nervöse Pferde neigen zum Zackeln. Manche Pferde fangen auf dem Nachhauseweg an zu zackeln, eine lästige, schwer abzugewöhnende Unart.

## *NÜTZLICHE ADRESSEN*

Wenn Sie eine Reitschule in Ihrer Nähe suchen oder sonstige Informationen benötigen, wenden Sie sich an:

*Deutsche Reiterliche Vereinigung (FN), Freiherr-von-Langen-Str. 13, Warendorf 1.*
Hier erhalten Sie eine Adressenliste der FN-geprüften und kontrollierten Fachschulen und Reitställe.

## *DANKSAGUNG*

Dorling Kindersley möchte folgenden Personen für ihre Hilfe bei der Vorbereitung dieses Buches danken:
Snowball Farm und Mrs. Western-Kaye, die ihre Reithalle und Außenanlagen zur Verfügung gestellt hat ebenso wie Rachel Hunt. Mr. Compton von Calcutt & Söhne, Sutton Scotney für Kleidung und Sattelzeug, Olympus Sports für Trainingsanzüge und Sportbekleidung und Rosalind Cecil für Papierschnitzel-Einstreu.
Mr. Ricketts, Carlton House Pferdetransporte.
Dank auch an Jackie Hoadley.
An die Reiter und Pferde, die uns Modell gestanden haben. Es waren: Pauline Jones auf Jaffa, Besitzerin Mrs. Bonner; Barry Shaw auf Toyboy, Besitzerin Anastasia Alexander; Tim Pearson auf Wait and See, Besitzerin Mrs. Hall; Rachel Hunt auf ihrem eigenen Pferd Matinée; Sarah Anne Alflatt auf Tonto, Besitzerin Natalie Western-Kaye; Natalie Western-Kaye auf Ethel, Besitzer Robin Wight; Alexis, Fizz und Tiny, Besitzerin Mrs. Western-Kaye; Anna Crass-Lewis auf Mattie, Besitzerin Rosalind Daniels; Melanie Roughan; und Karey Baker. Mary Gordon Watson ritt Redstone Hill, Besitzerin Rachel Hunt.

Weitere Fotos von Bob Langrish S. 2, 6-7, 10-11, 16 (u.r.), 18(u.l.), 19 (u.), 22 (u.l.), 63(o.), 70(u.), 74 (u.), 75(o.r., u.), 79 (r.), 80(o.l.), 81(u.), 83(o.l.), 85 (u.), 86 (u., M., u.r.), 87 (M., u.,), 89(u.), 91. Tim Ridley S.16 (u.l.), 88, 89 (o.). Stephen Oliver S.9 (o.r.), 11(u.l.). Kit Houghton S.86 (u.l.). Farbillustrationen Seite 18-19 von Nicholas Hall. Weitere Zeichnungen von Janos Marffy, Bill Payne, Coral Mula, Jim Robbins, Pete Serjeant, John Woodcook.

Korrektur Heather Dewhurst. Kontrolle Anna Buxton und Ann Kay. Index Hilary Bird. Assistenten des Herausgebers Deborah Opoczynska, Laurence Henderson und Diana Weeks. Make-up Jenny Jordan. Photoassistenten Bob Gerrish, Debbie Sandersley, Studio Workshop. Dank auch an The Cooling Brown Partnership.

# Weitere Titel in der Reihe

## L E R N E N

*leicht · schnell · gründlich*

Peter Ballingall
**Golf lernen**
leicht · schnell · gründlich

Von Grundproblemen wie der Auswahl des richtigen Golfschuhs bis zum gezielten, vorteilhaften Einsatz von Slice und Hook – dieses Buch bietet einen interessanten und dynamischen Einstieg in die Fertigkeiten des Golfsports. Einer der führenden Golflehrer Europas erläutert Ihnen die Basis des Sports – von den verschiedenen Griffmethoden, dem Stand bei den einzelnen Schlagvarianten bis zur neuesten Technologie in Sachen Schlägerdesign.

96 Seiten, 200 farbige Abbildungen, Format 21,5 x 14,0 cm, gebunden mit Schutzumschlag
DM 24,80 ISBN 3-7688-0783-5

John Driscoll
**Segeln lernen**
leicht · schnell · gründlich

Seglerisches Wissen und Können von der Information über geeignete Gummistiefel bis zu den Tücken einer wettkampfreifen Rollhalse. Fotosequenzen einzelner Manöver ermöglichen den richtigen Einblick in diese Sportart, informative Kurztexte erläutern jeden Handgriff, begleitende Zeichnungen geben den Gesamtüberblick.

96 Seiten, 197 meist farbige Abbildungen, Format 21,5 x 14,0 cm, gebunden mit Schutzumschlag
DM 24,80 ISBN 3-7688-0784-3

Phil Jones
**Surfen lernen**
leicht · schnell · gründlich

Der bekannte englische Surflehrer Phil Jones führt Sie schrittweise an die Technik des Windsurfens heran: Materialkunde, Aufriggen, der Start aufs Wasser, Halsen und Tips zur Selbsthilfe werden hier anhand zahlreicher Bilder und prägnanter Texte anschaulich erklärt. In vierzehn Kapiteln wird das gesamte Basiswissen zum Windsurfen vermittelt. Darüber hinaus gibt der Autor wertvolle Hintergrundinformationen über die richtige Ausrüstung, über das Surfen bei stärkerem Wind oder auf dem Meer.

96 Seiten, 205 meist farbige Abbildungen, Format 21,5 x 14,0 cm, gebunden mit Schutzumschlag
DM 24,80 ISBN 3-7688-0785-1

(Preisänderungen vorbehalten)

Weitere Bände in Vorbereitung

Delius Klasing
Verlag